U0017699

House of Vitality

勵志館

Wisdom

勵志館⑧⑥

心靈綠洲——邁向21世紀　心靈改造工程

編著——正因文化事業有限公司
採訪——林麗真
撰述——劉玉燕
攝影——曾慧玉
主編——李佳穎
責任編輯——趙貞儀・鄭祥琳
發行人——王榮文
出版發行——遠流出版事業股份有限公司
台北市汀州路三段184號7樓之5
郵撥／0189456-1
電話／2365-1212　傳眞／2365-7979
香港發行——遠流（香港）出版公司
香港北角英皇道310號雲華大廈4樓505室
電話／2508-9048　傳眞／2503-3258
香港售價／港幣83元
特約經銷——正因文化事業有限公司
台北市中山北路二段115巷43號6樓之1
郵撥／1618930-4
電話／2523-0878　傳眞／2567-2034
著作權顧問——蕭雄淋律師
法律顧問——王秀哲律師・董安丹律師
1999年6月16日　初版一刷
行政院新聞局局版臺業字第1295號
售價新台幣 250 元　（缺頁或破損的書，請寄回更換）

ISBN 957-32-3731-8

YLib 遠流博識網
http://www.ylib.com.tw　E-mail:ylib@yuanliou.ylib.com.tw

正因文化——編著
心靈綠洲
邁向21世紀 心靈改造工程
Human Revolution

勵志館

出版緣起

王榮文

「咚咚咚咚……」隨著昂揚的鼓聲，不期然地，遠流《勵志館》竟已陪伴讀者走過了十年悠悠歲月。回顧這段漫長時光，《勵志館》所揭櫫「愛」、「希望」、「包容力」和「衝創意志」的精神內涵，一點一滴地融入這一代青年人的日常生活，在心靈脆弱的時刻伸出關愛的雙手，鼓舞了人們的行事勇氣，爲社會燃起一把熱情光明的熊熊火炬！

而著眼於當今社會，時代潮流不斷地向前推進，人們的行爲意識更是處於多元的複雜狀態；這股爲人類帶來莫大衝擊的新世紀文化變遷，再度提醒我們：結合全人類意志力量攜手共創未來的時機，正是現在！因此，踏著奮發向上的步伐，帶著恒久不變的希望——《勵志館》懷抱著原先的基礎，亟願拓展一己的影響力，無論男女老少，無論在人生任何階段，《勵志館》均能成爲你的良師益友，爲你打氣，陪你奮鬥，與你同甘共苦。今後，《勵志館》呈現在你面前的，將是含括五大面向的嶄新形貌，期待能藉此傳達給讀者更清晰的出版理念：

衝創意志（Will）——旨在彰顯人類勇於開拓、改造的衝勁和決心，激勵吞天吐地的氣概，養成堅持、毅力、韌性、決斷力、意志力、不達目標不休止的大無畏精神。

人物傳記（Memoir）——成功的人物形象，總是讓人內心油然升起欽慕之意，而「他是如何做到的？」更是多數人好奇與關注的焦點；透過閱讀傳記故事的過程，人的內在潛力往往得以受到激發，產生崢嶸向上的力量。

智慧人生（Wisdom）——如何善用一己智慧，把握有限人生？這裡提供你諸多名家的眞知灼見；此番良言雋語如同無盡的寶藏，相信必能協助你走出一條成熟自信、亮麗精彩的人生旅程。

宗教開悟（Religion）——人類世界向來與宗教有著密不可分的關係。撇開信仰的層面不談，宗教所傳布的內涵精髓確實是一種高超的人生智慧；透過這些彷若暮鼓晨鐘的文字，人們得以敞開心坎，包容一切，因而迷惘不再。

心靈觀想（Spirit）——在爲工作奔忙的日子裡，是否覺得自己愈發「機械化」了？建議不妨暫停一下，騰挪出心靈的一小塊空間，從沉思觀想的經驗中找回眞正的自我；你會發現，受到淨化、提昇的意志，將是澄澈光明富朝氣的。

當然，我們會持續在勵志領域內開發出更多的主題以饗大眾。也歡迎朋友們來信交流，賜予我們寶貴意見。

現在，就請加入我們的行列，讓煥然一新的《勵志館》叢書緊緊追隨你，激揚你與眾不同的人格特質，陪伴你走向眞善美的人生境界！

〈序〉

尋得了新生的希望

朱萬里

再過幾個月，二十世紀就成爲歷史。在這個佈滿著戰爭與不幸的百年裡，留下的是「悲慘世紀」稱號。有鑑於此，幸福、和平該是人類對未來的共同祈願吧！

然而，幸福無法向他人乞求，須從自家生命裡去構築、由自己的根本改革率先著手。因爲人的一生中免不得有風暴、雨雪，在自己胸中的大空中，永遠有希望的太陽照耀，就能展現清澄一片藍天。本書中二十多位人物，綜觀他們的前半生，大多是在大時代裡，歷經顛沛患難，卻未流於侘傺頹唐，咸知奮發有爲，終於在不同領域，各有成就。看來雖是個人表現，合之則成邦國之慶，豈可不爲表揚？

二十世紀裡歷經兩次世界大戰，生靈塗炭。然，從二次大戰的徹底破壞中，浴火重生的人們有了新的領悟，轉向尋覓和平與共生，危機變爲轉機。也因此，這許多人成功的故事中，我們尋得了新生的希望。

在此不禁想起了以「樂觀主義心理學」聞名於世的美國賽列古曼博士

的話語：「常樂、滿足、有錢——這是樂觀主義的人生嗎？不是。樂觀主義是『希望』。不管何時、何地，失敗也好，吃了苦頭也好，相信這些都是可以『行動』去改變的，這種信念就是樂觀主義。」

由此看來，永遠懷抱著希望，持有「樂觀主義」的哲學，是超越困難的最大力量。進而，燎原的野火不但不能摧毀生機，反而會爲新生命帶來肥料。所以，真實的哲理，必定是排除感傷，忍耐堅強，盡情地發揮「生之力」、「信之力」。

理想鄉不在遙遠的彼方，現在，就是這個地方，正是「當下即是」。而成功的故事，其共同點就在於：下定決心、不畏縮、躊躇，活在當下，在處身之處扎下根來，奮鬥、努力，使出「野火燒不盡，春風吹又生」的偉大「生之力」！

有哲學，還要有行動；成功的人必然都是行動的人。這本書告訴了我們如何創造人生價值？成功者是如何行動過來的，值得一讀。謹此推薦，是爲序。

（正因文化事業有限公司董事長）

〈序〉

把「心的沙漠」變成綠洲

「地球是藍色的！」一九六一年四月十二日，蘇俄太空人賈加林完成首度載人宇宙飛行的壯舉後，留下了這句話語。賈加林愉快的神情似乎代表著縱覽地球的每片大陸、每個海洋，那份喜悅，無法形容！

然而據報導，再從其他星球觀看地球，這個原本藍色的星球綠色塊比往昔明顯地縮小許多。推究原因，地球的沙漠帶正極度快速擴大範圍，最大的亞馬遜熱帶雨林面積也急遽減少。

這個情況不僅威脅人類的生活，許多生物更瀕臨絕種的危機。爲解決這維繫人類生存的地球問題群，學者們大多將矛頭指向環境的破壞，更得出共同的結論：在這百年的文明發展中，過度開發致使地球形成以來的自然平衡狀態面臨瓦解。然，深一層探究，推進文明的主體是「人」，會造成如此的狀況要歸諸於人的破壞。因此，日本哲人池田大作明快指出問題所在：「遮覆地球的沙漠化，正是人類『心之沙漠化』的象徵。」

生在雨量繁多地帶的我們，或許很難想像沒有綠色的乾燥景致。不過生活在富裕的台灣，由於物質文明與精神文明未能取得平衡發展，不乏可見大多數人熱中追逐名利，人際之間出現惡性競爭，使得社會亂象層出不窮，不也正是反映了「心之沙漠化」的真實面貌？

近年，李總統倡導了「心靈改革」運動，明示：「希望從改革人心做起，健全社會架構，體現社會公義，重建社會倫理，讓每一個人都能『肯定自己、尊重別人』，讓我們的社會能在傳統與現代之間取得平衡，重現和諧秩序。」一針見血地點出根本解決之道。

本書中這些在大時代中歷經淬鍊的人物，不受動亂環境的束縛，憑藉信念衝破逆境，在自身周遭激起善的浪潮，迸發出真情的結晶，細細讀來，胸中不覺湧出溫煦陽光，鼓勵的話語猶如警鐘般提醒著我們：困難，儘管來吧！現在，就在足下這塊地方，堅強地活下去！

「勵」字，有「萬」有「力」，真心的一句話如千軍萬馬，讓人們不知產生多大的生命力！當更多人閱讀本書，蒙得啓發時，那麼把「心之沙漠」變成「綠洲」、擁抱「安心與感動」的新世紀祈願，終會實現！

（中華創價佛學會理事長）

〈序〉

緣起

林[illegible]真

民國八十六年二月某天，福運雜誌召開編輯會，爲開闢新專欄熱切討論。「最近李總統提倡『心靈改革』運動，希望從改造人心做起，重建社會倫理——這個理念不就是我們的創刊主旨？」

幾經討論，「心靈」乃爲重點、給予保留。現今社會人與人之間疏離，喪失感動，藉由文字的傳遞，使乾涸的「心之沙漠」湧現清新蘇生水脈，「綠洲」是最爲恰當字眼。於是，命名「心靈綠洲」。

企畫大致落定，我們設定的人選有兩項特質：社會傑出人士與品德高尚者。希冀透過他們在各領域的奮鬥歷程與人生哲學，爲讀者開啓「新」與「心」的視窗。

在此特別感激謝孟雄先生，在無前例可循的情況下，成爲新專欄第一位訪談的人物；同時，連副總統雖擠不出空暇，仍以書信方式達成訪談。這一切可說基於信賴所致，在我們心靈中著實綻放了感動的花朵。

「一個成功的人必有其勝人之處」，在與每一位傑出之士會晤後，我們深刻領會話中涵義。他們謙沖爲懷，待人親切，對於所知之事毫不隱瞞，他們回憶大時代中的悲歡離合，述說艱苦卓絕中拚出生路的歷程。不同範疇的專業知識也在訪談中一點一滴吸收，如蔣彥士先生談及如何把台灣變成「水果王國」的栽種過程、翁岳生院長詳述大法官與法官相異之處、崔玖博士的能量醫學等等，令我們有「勝讀十年書」的深切感受。

每次訪問均是三人成行，由我進行訪問，主編劉玉燕小姐每每翔實記錄訪談內容，寫來傳神，實屬難得。攝影曾慧玉小姐則拿手人物特寫，在她每一次按下快門的剎那，採訪者不分老少總能自然散發睿智、展露人性真摯的一面。

「心靈綠洲」專欄推出兩年多來，讀者回響甚大，集結成書的動機從而激發。承蒙遠流出版公司大力協助，本書以採訪先後順序編排，完整的呈獻讀者眼前。

美好的相會、一次的邂逅，決定了命運的偶遇。我們收穫良多，也企盼讀者翻開本書，閱讀各個精彩的「人生戲劇」之際，有所領悟！

（福運雜誌　發行人）

Human Revolution

心靈綠洲

目錄

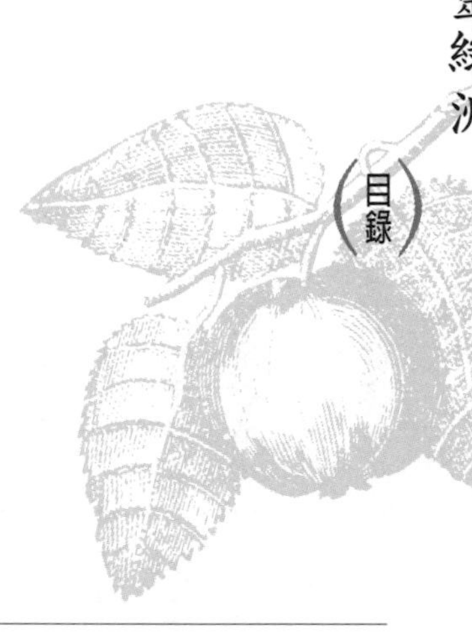

連戰

自助人助

副總統辦公室提供

近年來，副總統連戰頻頻成為媒體追逐的焦點。有些人對他的印象是「不苟言笑」、「性格內斂」，雖擅長外交事務，卻與民眾距離遙遠。甚至有人誤以為他出生世家，一路平步青雲，「不知民間疾苦」，傳言不一而足。

然而，很多人卻不知道，成長於動亂時代的他，曾嚐過顛沛流離、三餐不繼，深怕在戰爭中失去親人的恐懼滋味，赴美求學期間縮衣節食、自給自足。他謙虛自制，其祖父連雅堂先生「義勇奉公」的民族情操深刻在他心中，也成為他為台灣這塊土地、人民與為中華民族奉獻心力的原動力。在喧嘩的報導中，希冀能由本文，讓讀者有更親切和完整的認識。

連家原是福建龍溪人，明末清初為逃避清室統治和爭取自由，渡海來台，定居奉天，也就是現在的台南，到先祖父時已經七代。連家世代相傳，不應科試、不做清朝官吏，祖宗入殮時穿著明朝服裝，「不降其志，不辱其身」，家訓儼然。

光緒二十一年（西元一八九五年），清廷簽訂馬關條約，把台澎割讓給日本。我祖父雅堂先生當時不過十八歲，眼見此恥辱，不勝悲痛，也因此激發了寫史的動機。他積極蒐集仁人志士抗日保台的史蹟和史料，並整理這些珍貴的文獻，上溯隋唐淵源，下至甲午割讓，三十八歲那年終於完成《台灣通史》，對台灣歷史與文化發展貢獻良多。這段史實眾所皆知，我亦深以為傲，而「愛國保種」的台灣精神，也成了我獻身這塊土地的原動力。

民國二十五年，祖父因肝癌病逝上海。彌留時對母親遺言：「中、日必將一戰，若生男則名連戰，寓有自強不息、克敵致勝意義，有復興故國，重聚家園的光明希望。」那年八月底，我在陝西西安出生，母尊先祖父之命，為我取名「連戰」。

果真如祖父所言，中日戰爭爆發，我的小學生活就在烽火連天中更迭動盪，一年級到五年級共換了三所學校。當時父親在中央戰幹團工作，記憶中，他每天穿著粗麻布的軍服，天色未亮就得出門，沿著城牆從城東走到城西上班。由於西安被日軍列入轟炸的重鎮，好幾次炸彈就落在隔壁。父親早出晚歸，在砲火中穿梭的身影，看了令人心驚，每一次的揮別，都不知是否還能見到他平安踏進家門。那種害怕失去親人的恐懼，一生難忘。

九年後，我們搬到重慶。父親隻身在李子壩工作，我們母子則在母親任教的黃桷椏南山中學的宿舍裡。一到星期天，父親一早就從李子壩過長江，翻山越嶺，再步行數小時，經常磨破草鞋，兩腳滲出鮮血，才能到達黃桷椏與我們見上一面。而相聚不到一盞茶時間，又得趁天色未暗趕回去，每次在黃昏暮色中，望著父親清癯削瘦的背影漸行漸遠，總忍不住縱身緊抱母親，相擁而泣。

到了七、八歲，我頑皮好動的本性展露無遺，讓母親和師長頭痛不已。於是母親想出了一個治我的法寶——在她非離開不可的時候，用筆在

地上畫個大圈圈，我得坐在圈圈裡面的小板凳不准出來。如果膽敢不聽話，免不了要吃排頭。

從小我就與母親相依爲命，然而爲了避免我在上下學途中遭空襲，雖才八歲也只得送我住校。記得當時大家穿草鞋，吃的是沙子、稻穀、泥土等混成的「八寶飯」，喝的是什麼東西都沒有的「太平洋湯」，每週能從家裡提一小罐豬油到校拌點鹽巴下飯，就算是非常奢侈的享受了。這一段成長歲月影響我很大，內心渴望著中國強大起來，讓下一代不再有機會嚐到家破人亡、骨肉分離的悲痛。

民國三十四年，父親返台奉命接收台北州，隔年母親與我第一次踏上故鄉的土地，不久插班進入台北日新國小六年級。往後的求學過程中，我的成績均衡發展，體育和操行尤佳。就讀師大附中時，每天騎腳踏車上學，身兼足球、游泳和雙槓校隊，同學都稱我「阿戰」，至今每年八月二十四日都要舉辦一次同學會。聚會時一談起單純而愉悅的讀書歲月，勞頓難爲的公僕壓力隨之消逝，心情頓時輕鬆許多。

我考大學的時候，還沒有聯招制度，當年我報考三所學校——台大政

治系、台南工學院（今成功大學）土木系和師範學院史地系——全都被錄取了。其實，我並非特別聰明，集中意志力可說是我最大的「祕密武器」，一旦發憤圖強，就能心無旁騖地吸收。而且，除教科書外，我也閱讀中外知名的文學巨著和雜誌期刊，普遍汲取資訊。至今我依然維持每天廣讀中外期刊的習慣，深覺受益無窮。

在台大讀書時是我收斂玩性的時期。父親自小點滴灌注我先祖父的家訓：公、忠、愛鄉愛國之思，而《台灣通史》這部珍貴書冊，激起我連氏一脈兩代單傳的使命感。父親爲人敦厚，對人不曾疾言厲色，對我的教養方式屬民主開通，颱風天裡親自陪我上下學，經常以「誠信做人、勤懇做事」期勉我做一名忠實厚道的君子，並以身作則。他的用心教誨成爲我約束自己的圭臬。

而母親的剛毅、果敢、睿智和刻苦勤勞，也培養了我接受逆境挑戰的勇氣。母親是瀋陽人，自北平燕京大學畢業，曾任撫順縣立師範學校訓導主任，小時候父親的收入不豐，家中量入爲出，母親白天當教員，一得空就餵養家禽、家畜或種些蔬菜，早起晚睡，不畏勞苦，改善一家的生活，

更成爲返台發展基金。剛到台北時，又以過人眼光，把連家僅存的兩小塊薄田變賣，加上辛苦賺取的儲蓄，投資營建與金融，魄力與決斷可見一斑。母親勤儉性格數十年如一日，黎明即起，親自烹煮早餐後，再穿著便服到工地。即使父親擔任內政部長，她仍照平時一般不抹胭脂花粉，搭公車進出，就這樣點點滴滴創造出我家的「經濟奇蹟」，否則僅以父親一介公務員，又少有祖業，連家怎麼會有如此恆產？

母親的刻苦作風，讓我在有志赴國外深造時下定決心，務必自給自足。在申請到芝加哥大學助教獎學金後空手赴美，假期時就到鄉村俱樂部擔任調酒小弟。取得博士學位後，在威斯康辛大學與康乃狄克大學任教，我娶妻、生子，還要支持太太念碩士，兩人胼手胝足。還記得初執教鞭，心情緊張，通宵達旦準備教材是常有的事，在窄小簡陋的公寓中演練，太太就坐在沙發兼床的角落當觀眾兼評審，戰戰兢兢，直到教書的第二年才敢買一台電視，稍有休閒。

回想起在海外那一段時間，是我成長過程中比較重要的階段，除了學問方面的追求，我扎扎實實地努力外，在學校圖書室整理幻燈片，和在餐

館調酒，這種自給自足的生活體驗，對後來我從事公職的服務理念有著潛在影響。因爲一個國家一定要能夠在經濟上有自主能力，才能夠在國際上生存發展，就像近年的亞洲金融風暴，我國受到的影響較小，探其原因就是我們有自主的經濟能力。另一方面，由於接觸了許多新事物，產生一種「比較」的思考，不論在社會、文化、歷史、政治、經濟到生活點滴，從比較當中去看問題，可以更周全、更宏觀，也因此在解決問題的過程中，學習到更多的事物。

我成長以及求學過程，可以說充滿困頓與挑戰，但是因爲我的父母與自己本身的刻苦努力，才能度過重重難關，也因爲我們的自立自強，所以得到許多人的幫助，這在我往後的公職生涯中，尤其是如此。

六十四年，經國先生指派我這個毫無政治經驗的文人出任中華民國駐薩爾瓦多大使。在薩國兩年，我深刻體會外交之路艱難無比。中南美洲民風熱情，但多爲軍人執政，想建立友誼唯靠飲酒邀宴。爲了供應幾乎天天舉辦的流水席，每週二、五下午五到六點，太太親自前往當地唯一的東方雜貨店搶購空運的豆腐、白菜或韭黃、木耳，回來後洗洗切切，全館大小

整夜站在廚房趕包雲吞或炒麵、米粉、炸春捲，我則奉陪客人到凌晨二、三點，五點又得起身準備到機場接貴賓或送要客。在這種自己貼錢、貼時間的情況下，與薩國建立深厚的情誼，所以該國原本在台不設大使，自我們之後，特派好友艾雷拉大使駐在台灣，且五、六年不曾更動。辛勤的耕耘總算有了成果，令人欣慰。

去年十一月，中美洲受密契颶風侵襲，災情慘重。在李總統與全國民眾的關心下，十二月五日率特使團前往災區，表達關懷與慰問，並提出具體援助計畫，協助各國重建。再訪曾經熟悉的國度，眼見慘狀，心情沈重。很難想像災後一個月，數不清的屍體仍埋在地下，所到之處臭味難聞，有個國家兩個大湖變成一個，災區蚊蟲滋生；還有個國家，首都在一夕間成了大湖，民眾、工廠、房屋等全都沈入水中，有人形容該地是「死亡土地」，怵目驚心。而且，由於污染太嚴重，八成的人們都生病了，風災過後經烈陽照射，天空灰濛濛一片，到處是灰塵。以宏都拉斯爲例，人口四、五百萬，死亡人數高達七千多，失蹤人口近一萬五千人，連市長在勘災途中也死了，教育部大樓亦被洪水沖走，令人鼻酸。

有人評論：「台灣正逢金融風暴，自顧不暇，那有餘力去管別國的事？」然而親自走一趟災區，就會領悟：人就是人，不會因爲膚色、種族和國別而失去爲人之道。在民主國家，民間團體關懷公益的行動一向積極，也因此才能參與國際事務。像這次中美洲的風災，日本、美國、歐盟國家都派專機前去救援，我們雖沒辦法這麼做，但帶著國人的愛心，我們不只去，還深入所有災區，秉持「愛心無國界、心存全世界」的胸懷，受到各國的一致歡迎，包括美國政府都稱讚我國是「愛心輸出國」，我深爲國家和百姓感到無比的驕傲。

從事公職二十多年來，最讓我感動的事，就是看見這塊土地上的同胞，從無到有、從落後到繁榮的打拚過程，我們一起走過了許多艱困的歲月，大家胼手胝足、一步一腳印地勤奮努力，創造出世人所羨慕的發展經驗，也讓我們的國民所得由兩百美元增加到一萬三、四千元。回首這段過程，雖然很辛苦，但是每個人目標一致，「犧牲享受、享受犧牲」的感受令人珍惜。我認爲一個國家的根本，就是繫於這種奮鬥的精神，也希望這種精神能夠持續不斷，帶領我們的國家走向美好的二十一世紀。

所以，有愛心的人，不會孤獨；有愛心的國家，不會受到孤立。我們窮困的時候，他國伸出援手，現在我們有能力了，也應該回饋這個世界，把善傳承下去。當我們的社會發展到一定程度，就要表現出對自己、社會和國家的關懷，對他人也有所尊重，尤其是對自然和人文的關懷。環顧這世界，多少缺乏人文關懷的社會，因爲宗教、種族、歷史或經濟因素，使得國家分崩離析？因此，我誠懇地呼籲國人：大家彼此多一分尊重、協助與關懷，少一分批評與指責，那麼人人企盼的祥和社會一定會很快到來！

謝孟雄

改造社會，從心開始

謝孟雄任監察院委員時，辦公室只有數坪大，散發樸實書香，描繪歐洲鄉間景致的油畫懸掛四壁。窗户旁，一幅何應欽將軍的墨書立軸尤其搶眼：「孟子謂得英才而教育之為一樂，誨人不倦、桃李盈門，確是人生快事」，短短數語，道出了對謝委員的期許。

謝委員出生名門，父東閔先生曾任副總統輔弼蔣故總統　經國先生，最著賢聲。而創立實踐家政專校提倡女子教育，是其畢生心志所在。現為總統府資政，一生為國奉獻，親近民眾，受人尊崇。

家風薰陶中，謝委員淡泊名利，醫學雖是專業，卻更熱衷教育，經常受邀在大專學府及各演講廳發表生活哲理與醫學保健演說。八十八年初，卸下監察院委員一職後，他投身杏壇，現任實踐大學校長。本文便是他著眼社會現況，探求心靈文化建設的一端。

大概四十年前吧！我還在大學讀書，父親經常說：「物質生活要簡單，精神生活要豐裕。」聽入耳邊，似乎是再平常不過的一句話。隨著年齡的增長，方才體會「簡單就是美」的深厚涵義。

現代可說是中國五千年來最富裕的時代。就以民國三十八年個人平均年所得八十美元躍升到八十五年個人平均年所得超過一萬美元來說，這四十多年的經濟成長可說突飛猛進，從無到有，從貧窮到富裕，台灣的確創造了奇蹟。

但從另一角度來看，經濟掛帥、金錢導向的社會風氣，把人心腐化了，精神層面出現嚴重偏差，人們想要的，是住高級華廈，吃鮑魚或燕窩，一餐下來往往花上數萬元，既不營養又浪費，極盡奢侈之能事，厭惡勤儉刻苦。擁有一億家財的人更想要擁有十億，當十億的目標達到了，就野心勃勃計畫賺取一百億，結果九十億的差距就成了他的「負債」。這種「富裕中的窮人」爲了「償債」，一定會費盡心思，甚至不擇手段，貪污、陰謀等邪念由此衍生。其實，一億對我們而言，猶如天文數字，人一生用得了那麼多嗎？這種對物欲的不滿足，是永無止盡的呀！

李總統「心靈改革」的號召，社會各界紛紛響應，提出各種見解，舉辦了很多活動。但仔細想想，不是現在才需要「心靈改革」，而是有人類的歷史就需要這種改革了。

人之所以有別於動物，就是因爲有思想。「心」決定人的一切，所以，如果提倡「心靈改革」，卻不從「觀念」的改變著手，界定人的價值，那麼這個運動終會流於口號、空談，對社會不會產生任何影響的。

怎麼改變觀念呢？我想，就是我父親說的：「物質生活要簡單，精神生活要豐裕。」鼓勵人們降低物欲，從書籍、宗教和藝術等領域充實精神面的空虛。在此，我想提出「享有不必擁有」的觀念。

人想擁有喜愛的事物是天性，但如果不是能力所及，就會成爲貪求，容易因欲求不滿而迷失自己。所以，何妨運用周遭資源，享受現有成果，不也是一種單純的幸福嗎？例如一幅梵谷的畫價值上億美元，我們只要到美術館買一張兩百元的門票，就可以觀賞一整天，甚至買張機票專程到世界各地的博物館欣賞古物名畫都值得。純粹的欣賞，沒有壓力，心理的滿足感愈大，不必爲了擁有一幅名畫，動輒千萬，還怕買到贗品，害怕被竊而苦惱。

思想是無形的，就融在生活之中。好比現代人講求方便，隨手取用塑膠袋，這種百年也不會自然腐化的垃圾隨處亂丟，再過幾年，我們的子孫就再也看不到綠地了。商人重利輕義，把工廠設在河流沿岸，含重金屬或化學成份的廢水傾倒河中，再流到海洋，污染水源，仔細想想，受害最大的，還是人類本身。提到生態，臭氧層破洞、森林濫伐、酸雨，這些因惡的觀念而禍害千年的例子不勝枚舉。

同樣的，好的理念會使人類的未來還有一線希望。我到歐美考察時，發現當地人們很重視環境保護，砍一顆樹就種一棵樹，保持森林的原有生態平衡，政府和廠商也想出很多辦法配合，把破壞降到最低，紙張、空瓶子和乾電池等廢物，採用獎勵的方式回收資源。例如一個空瓶子一角美元，十個就一元，一家人一星期可能會喝上好幾打，那就有好幾元的收入。這種辦法既經濟又實惠，生產者不必再花高成本買瓶子，消費者也可從中獲利，何樂不爲？台灣的環保署和廠商也曾實行這種回收措施，但成效不彰，之後便不了了之。爲什麼？我想，民眾嫌錢太少、怕麻煩心態是

失敗的主因。

如果有空，還不妨走一趟日本，屆時將會發現我們實在有愧「禮儀之邦」的美稱。探究日本人做事縝密、爲人謙和、長幼有序的原因所在，依我個人淺見應是該國家政教育發達所致。家政學不只教女性烹飪、理家而已，而是涵蓋食、衣、住、行、育、樂，整個人生教育；雖然男人是一家之主，但女性才真正是家庭的核心，對家中的每一個成員都有著十足的影響力，是推動丈夫、孩子前進的原動力。

反觀我國的教育，「升學主義」可說是扼殺思想的一隻手。高喊五育並重，實際卻是把聯考置於第一位，體育、美術、音樂和家政等能夠陶冶心靈的課程敷衍了事。致使孩子的創作力枯竭，缺乏是非觀，功課好，人品卻不一定好，我們經常看到，學問好、專業知識足夠的人，反倒成爲犯罪高手、製造社會混亂的主腦。在這種「說」和「做」雙重標準下，我們的社會怎麼不會暴力橫行、思想扭曲？

尤其現代女權運動盛行，女性意識高張，要求「女男平權」，不再固守家庭，婦女就業的比例愈來愈高。我剛剛說過，女性是一家的核心，不論對家庭或社會都扮演著很重要的角色。但男女天生的基本條件就不同，怎麼硬要求平等？舉例來說，男人肌肉發達，性格大而化之，女性身材嬌小，有耐心、做事縝密，各有各的長處。如果事事要求平等，那麼公司輪值，女性也該當夜班，「怕黑」「不安全」就不能成爲藉口；身爲記者的人，被派駐戰地也同樣要出生入死，不能顧慮太多。批評很容易，實行起來就須考慮周密了，否則就是「假平等」、雙重標準。

前些日子，我看了簡春安教授的一本書很有意思，他用中國的太極圖（S）來比喻夫妻相處之道。天地分陰陽，女性爲陰、男性爲陽，陰陽互補，我多你少，你少我多，你中有我，我中有你，而且這個圖案類似英文字母S，原有Dynamic之意，即是動態的、生生不息。簡言之，夫妻本是一體，彼此截長補短，才能相得益彰，攜手一生。假使兩人互不相讓，非要爭誰是一家之主，家庭怎麼會和諧，夫妻怎麼能白首到老？

總而言之，齊頭式的平等是一種假平等，不努力的人和拚命認真的人待遇相同，毫無經驗的新手和閱歷豐富的資深人員獲得同樣報酬，看起來公平，實際上卻是「劣幣驅除良幣」，讓怠惰者有機可乘、優秀人才感到

氣餒。

中央集權適用於民智未開的時代，以層層的組織管道掌理一切營運，但時日一久，便會產生弊端，造成僵化、效率低的官僚體系。現今的社會既民主又自由，各式各樣的專才齊聚一堂，如何使每一個人都能適才適用，發揮特色，使整個環境有良性的運作，這就需要領導者的智慧了。以美國的大學教育來說，每一科系的教授薪資都不一樣，依據個人的學識涵養、授課內容與方式，加上學生的反應，作爲評鑑。這麼錯縱複雜的問題能否處理得當，也是全靠校長一人的運籌帷幄。

所謂「智慧」簡單來說，就是「用心」，凡事全力以赴。教育是大事，但「學識」和「智慧」不能打上等號，中國的古訓「修齊治平」是最上乘的教育哲學，用心在自身的修養，創造家庭的和樂，再把愛己的心擴大到社會、國家。我想，這也是宗教精神，心存愛與慈悲，己所不欲，勿施於人，當老師的人，視學生如親生子女，身爲醫生，就把病患當成自己的親人般照料，這份無私付出的行動才能使我們的明天更好。

總歸一句話：「坐而言不如起而行。」與其高呼心靈改革，還不如在工作、家庭和生活中認真、用心，改變「自掃門前雪」的利己觀念，爲周遭的一切付諸關懷和行動。

嚴道

從心出發

「我人長得雖然不高大，但生性熱情，愛管閒事，吵起架來也蠻凶猛。」溫文儒雅，慈眉善目，獻身菸害防治工作已達十五年的董氏基金會嚴道董事長，風趣幽默的介紹著自己。

簡樸無華的辦公室裡，在書桌正前方的字畫中寫著：「尊重生命」與「養天地正氣，法古今完人」。不難想見工作同仁口中的「嚴爸爸」、癮君子見了心慌的現代「徐則林」其作為與風範。

嚴先生仗義直言、路見不平拔刀相助的性格，出自於他胸中蘊涵著無比善念與愛心。在青少年時期，即已埋下了服務社會的意念與決心。

嚴先生生長在一個開飯時得敲鐘的大家庭，自小便是個幫助祖母分糖果的孩子王。在求學階段，值遇對日抗戰，數以千計的難民，離鄉背井，生活困苦，嚴先生惻隱之心油然而生。於是他從自身領導的校中服務社，發起「一碗飯」運動，未料效應擴及全校各社團、大專院校，激發了國人同仇敵愾之心。

七〇年前後，愛國華僑董之英先生因爲響應政府號召回國投資，卻因商場詭譎多欺，被人陷害，向嚴先生洽商對策。經過幾年的努力，値逢台灣經濟繁榮，企業所擁有的土地大幅增值，還清所有債務，難題迎刃而解。於是他們決定繼續合作，投入社會國家之公益事業。民國七十二年，董氏基金會正式成立，爲促進國民健康而努力從事菸害防治工作揭開序幕。七十五年董之英先生病逝於香港後，嚴先生獨力接下董氏基金會。

嚴先生說到：「能做自己想做的事，爲許多人、爲社會的福祉貢獻心力，真是我的福氣。」

多年前，客來敬菸是一種禮貌，大學生對講堂上教授的吞雲吐霧也習以爲常。要想拔除根深蒂固的陋習，談何容易？何況國人對香菸中尼古丁之害普遍缺乏認知，阻力之大，無疑是場毅力與耐力的持久戰。

嚴先生說：「我一旦決定，便不退出，也不抱怨，這是做事的原則。」

一般來說，人們抽菸已成習慣，俗語說：「飯後一根菸，快樂似神仙。」作家創作時少不了菸，鬱悶沮喪，抽菸更是理所當然。而菸酒不分家，很可能接下來便浸淫於酒精中。嚴先生認爲：「沮喪與壓力的釋放，絕對不能借助於菸、酒的慰藉。因爲適當的壓力會讓我們正向、積極，不良的壓力則需借重抒解，而非逃避。經由閱讀、運動、宗教了解生命的意義，珍惜尊重生命，心靈才得以清靜自在。」

推行拒菸運動以來，嚴先生印象最爲深刻的是爭取「軍中不再配菸」的成果，雖然伴同而來的是強大反彈，但對有效減少青年成爲「吸菸族」確實是莫大的鼓勵。

此外，「獄中限菸」的推廣，反彈尤爲強烈。於是，嚴先生多次親赴監獄宣導，從闡明人性真諦著手，以人道為主軸，大力促成獄政改革。

八十六年初，立法院三讀通過菸害防治法，可說是對抗菸害的重要里程碑，嚴先生不禁喜極而泣。然而落實執行細則，全力督促並配合政府推動公眾場所禁煙，仍是一條漫漫長路。

現今的台灣社會，人們在名利物欲的洪流裡，迷失了人生方向。嚴先生以為談心靈改革，必須重新倡導孔孟之學，恢復固有道德觀念。其中包含「己所不欲，勿施於人」的忠恕之道。

他以捷運剛通車後，試乘的那幾天，湧入大量乘客，每天帶給淡水鎮二十噸的垃圾為例，深切感受到國民道德水準與國民所得不成正比。他指出社會改革必須從心做起，尤其要以愛心為出發點，愛自己，更須將心比心地愛他人。教育須從小扎根，因為透徹的人生觀，可以使愛心發揮至極，追求人生的真善美。因此在各種心理建設工作中，基金會以兒童與青少年為重點，教育孩子們認識生命真諦、自己對家庭及社會的責任義務。

提到愛他人，嚴先生想起了因病去世的青年歌手薛岳。當薛岳得知自己罹患肝癌，將不久於人世，來到基金會看嚴先生。他對嚴先生說：「很

早就想參與你們的活動，但現在已經來不及了。」嚴先生道：「只要你有這個念頭，永遠不會嫌遲。只要現在發自內心想做事，就能使生命無限延伸。」於是嚴先生爲他設計了一個尊重生命的公益廣告，遺愛人間。

對於社會風氣改革的期許，嚴先生凜然道：「從來沒有悲觀的想法。」他以七十七歲的高齡，在夫人、家人及基金會心愛的同仁全力的支持下，日復一日，年復一年，紿終神采奕奕，全心投入，他不屈不撓奮力以赴，縱多艱難險阻，也從不懊悔。可以說嚴先生是「公益巨人」，他擇善固執的毅力，足爲青年的楷模典範。

如果您曾震懾於薛岳臨終前的歌聲：「如果還有明天……。」那麼，讓我們不要等待明天，把握現在，只要樂於付出愛心，也勇於付出愛心，積極參與服務社會的公益事業，永遠不嫌太遲。因爲真實的喜悅，來自真誠的付出！

劉毓棠

傾聽內心的聲音

在文化大學張鏡湖董事長的引薦下，我們拜訪了良知教育創始者——劉毓棠教授。

笑容可掬，精神奕奕，是見到劉教授的第一印象。訪談過程中，教授侃侃暢言，如沐春風，對生命的渴望所散發出的英氣，讓八十四高齡漾滿青春面貌。

劉教授曾任紐西蘭大使、加拿大溫哥華總領事及常駐聯合國代表等職。他的一生歷經安定民主、動盪戰亂，近年來全心推廣自創的「兒童良知教育」，讓孩子的善念與良能得以湧現，為台灣的未來扎下希望的根苗。本文中，劉教授概述一生信念，及良知教育的旨要。

民國十年，不過七歲多，便隨著父母親移民美國。優美的環境、開放的教育理念，我度過了很愉快的童年，但不知爲何，內心總有一個聲音浮現：「如果所有的中國人都能享受這種民主自由，該有多好！」我暗暗立志，長大以後一定要回到中國貢獻力量！

高中一畢業，便迫不及待地想達成志願，卻遭到了父親嚴峻的拒絕。進了大學，我念念不忘從小到大的理想，只要有人從中國來，便想盡辦法結識他們，邀請他們到家中，向父親遊說現在的中國多麼需要青年的投入。俗語說雛鳥長成怎麼也擋不住飛出窩巢，向大地探險的渴望。民國二十二年，我回到了陌生卻又熟悉的祖國。

世事難料，甫從燕京大學畢業，便遇上中國的大動盪，全民正準備向步步入侵的日本展開反攻。這時，父母連連寄來數封家書，我成了八年抗戰的「逃兵」，踏上美洲大陸，進入哈佛大學攻讀政治學。不過就在那個時期，結識了赴美慰問心繫祖國僑胞的胡適之大使，得知長沙已淪陷。我心想國家危急，既然不能投身前線，就得作最好的後援。在幾個好友的策劃下，發起了募款援華運動。

抗戰勝利，華人莫不欣喜若狂。接到清華大學的聘書，我帶著政治學博士學位和妻子，再度返國。但不懂的是，回鄉的路竟是如此坎坷！才想奉獻所學，共產黨卻又包圍四周，當我們決定就此安頓，不再遠離，卻又發現失去了自由。對我們而言，無疑這是禁錮，趁著暑假稍有鬆懈，連夜逃往香港，竟然成了難民……。

輾轉返美，恍如經歷惡夢一場。這時無意中碰到了在農復會推展新運動的蔣夢麟，他說：「太好了！毓棠，到台灣再盡一點力吧！」就這樣，三十八年十一月二十四日，我到農復會報到。當時的伙伴沈宗翰、蔣彥士等個個都是菁英，我們工作得很有幹勁，連週日也捲起袖子一塊兒幹活，討論農業發展與行政等事務，相當快活。

半年後，外交部長葉公超極力網羅，派我到日本擔任聯絡員，二週後韓戰爆發。一年後，我調任駐聯合國。在那兒，看到了共產勢力的猖獗，自由世界的束手無策，一股無力感瀰漫了整個大會。人類的未來該是如此悲慘嗎？前所未有的沮喪佈滿全身。

民國四十四年，先總統　蔣公拍電告知：請四名代表出席 World

Moral Re－Armament Assembly（世界道德重整大會）。當時我想大陸淪陷，我國需要的是核子武器，而不是陳舊的「道德重整」。孰知，此行扭轉了我的人生方向。

幾百名代表從各地齊集而來，在大會裡，沒有年齡、膚色、階級和宗教差異，人們誠摯述說如何從迷失中轉變向善，找到自我的親身經歷。真心、坦率，沒有算計，令人動容，這才是真正大同世界的「聯合國」呀！其後，大會提出四個絕對標準：純潔、誠實、無私和慈愛，進行了「傾聽心內聲音」的試驗。

青年時代，曾聽聞印度之父甘地勸其國人聆聽心內聲音，推行非暴力的國家獨立抗爭運動。此刻，我領悟到「心內聲音」不正是孟子所說的「良知」？中國文化蘊藏寶貴思想資產，「人之初，性本善……苟不教，性乃遷」，告訴後人：每一個人都有良善的知性，但若不經常傾聽自己內在的聲音，任其荒蕪，久而久之，人性已經「相遠」而「遷」移了。誠如孟子名言「良知良能」，有了良善的心做為趨動力，從而引發生命內在無窮的潛能。

自此，聆聽良知成爲我行事的準則、智慧的源泉，當然也會應用在我的工作中。常常有人帶著懷疑的口氣問我：「辦外交，怎麼可能有絕對的誠實？」我總是笑著回答：「不說謊就好！」外交生涯數十年來，與各種的民族接觸，我發現人就是人，沒有差別，同樣好善厭惡，誠心相交，必會得到懇切的回應。國家也是由人組成，不欺騙的外交一定會受到肯定。我在紐西蘭就得到了驗證。

四十七年時，我自加拿大調派紐西蘭任總領事。當時的紐西蘭正準備承認中共政權，中紐關係顯得相當脆弱。經由友人引見，我與在國會深具影響力的毛利族部長逐步建立友誼。

外交事務瞬息萬變，聆聽良知讓我一步步解除困境。印象最深刻的是，有次拜訪部長，他與友人正爲某事爭論不休，請我表示意見。我脫口說出道德重整大會中的一句話：「不問誰是誰非，而問何是何非？」部長聞言握住我的手說：「您的見解表現中國文化的睿智，不僅代表台灣，而是整個中國啊！」在一片國際媚共聲中，五十年時紐西蘭政府將我國總領事館升格爲大使館。

六十三年時，自外交界退休，中國文化大學創辦人張其昀博士即力邀我任教。我欣然允許，一償夙願地開始在課堂教授「良知教育」。中美國際關係研究所所長任期間，我與學生們從互動分享中，獲益良多。一位學生來信說：「在所裡獲得了很寶貴的東西，養成了每天靜聽良知的習慣。我年初結婚，雙方家庭都很開朗，生活融洽。在所裡的兩年，給我的影響實在太大了。」看到學生們已能靜聽良知，體驗良能，在生活中創造美好實證，可說是爲師最大的喜悅。「如果從兒童開始，人們就能學習傾聽內在聲音，這個社會將會變得多麼可愛呀！」內在的聲音這樣催促著我。

七十八年，任東海大學董事時，得知大學有附設小學和幼稚園，心生歡喜，不由得躍躍欲試，在該學園首度推動兒童良知教育運動。意想不到，小朋友們響應驚人，興致勃勃，任性的行爲在傾聽良知後變得乖巧而自律。迄今，從南到北都可以在各幼稚園中普遍聽到兒童良知教育的良好成效。這份成果勝過財富，我深感自豪！

什麼是良知教育？其實，不用學也不用教，因爲人的天性原本就存有良善的心，只要教孩子安靜傾聽自己內心良知的聲音就行了。兒童喜歡玩

遊戲，我們就和他玩「與內心打電話」遊戲，不必強迫，時間也無須太長，安靜時刻短則數十秒，長數分鐘即可。當孩子聽完之後，就請他用圖畫和文字表達，事後大家一起分享。當孩子說出負面的話，就告訴他「撥錯電話了，再打一次」。幫孩子培養天天聽良知的習慣，使其對良知保持敏銳而持久感，成長路上將不再有迷茫和徬徨。

總之，要求孩子「做得好」並不能讓他做得到，幼兒需要的是「有能力」來拒絕做壞事，行善事。良知是人心靈深處最可貴的「真我」，將這個珍寶挖掘出來是良知教育的使命。

記得有次到友人家小住，他有兩個孩子，四歲的女兒和一歲多的兒子。姊姊起床後，即把電視機開得很響，吵醒了同房的弟弟，哭鬧不休，媽媽數度規勸制止，都沒有效果。吃早餐時，我請女孩一起聆聽內心的聲音，不久她抬頭，說：「良知說我該做一個乖女孩。」

隔天早上，女孩起床後照常扭開電視，但這一回，她把聲音關得很小，邊看電視還邊疊寢具。她的母親訝異不已，長久的困擾迎刃而解。如今，這個經常聆聽良知的女孩已長成人人喜歡的女性。

李總統提倡的心靈改革，確是當今治安的一帖良藥。因爲如果我們能夠靜心聽聽與生俱來的良知之音，少用腦去算計，那麼社會萬象自然消弭於無形。最後，希冀各位多聽多想，灌溉善心，那麼社會還是有希望的！

黃伯超

付出關懷人最樂

台大現任校長陳維昭、台大醫學院院長戴東原等活躍於醫學界的佼佼者都是他的學生；提起他，醫學及食品營養界人士無不流露欽佩眼光。七十一歲了，仍精神奕奕，日日穿梭在台大醫學院的研究室裡，指導學生們作實驗、撰寫論文。他，就是投身學術研究近半世紀的黃伯超教授。

黃教授博學多聞、為人謙遜，集榮耀於一身。曾任台大醫學院院長、中華民國生化學會理事長等職，獲獎無數，學術成就名聞國際。學生們都說：「教授時刻都在涉獵新知，與他談話如沐春風。」由此得知黃教授孜孜不倦、慈愛風範，令人由衷感佩！

走上醫學這條路，就像是天生自然。父親是外科醫生，我年幼時，一家人到日本陪父親攻讀博士。也因在京都待了五年，最後那兩年上幼稚園，所以我的日語比其他的孩子流利，回到台灣後，得以進入小學讀書，而不是本地人唸的公學校。

日據時代的台灣人想出人頭地，就唯有學醫這條路。當時，全台灣只有一所高等學校、一所大學，上了台大也只有一個醫科，沒有選擇。我算是很幸運，一路直升，順利完成學業。

民國三十八年夏天，父親正高興後繼有人，我終於大學畢業，可以接下他在嘉義老家自己創辦的醫院了。可是，我卻另有所圖。日據時代，日本人統理一切，尤其嚴加控制學術思想，台灣人擔任教授者屈指可數，只有杜聰明、李鋍源和董大成等幾位教授。光復後，日本人撤回去了，教師室裡鬧空城，師資嚴重短絀。如果可能，我想留在學校繼續學習、研究教學，總是要有人願意當園丁，灌溉、開拓保護台灣醫學這塊荒地呀！

求得父親的諒解後，在董教授的鼓勵下，我成了醫學院生化學科的助教，走進研究室裡，想不到這一待就待了快五十年。

董教授是生化學科主任，後來成立了研究所，在他的領導下，研究風氣旺盛，氣氛活潑，每月都可以看到成果，發布的論文在國內可說舉足輕重。當時人民生活水平低，拚命工作也只能求得溫飽，但董教授卻看到了隱憂，著手研究食品營養。這在生活貧困的四〇年代，食品營養只是附屬於生化學科的時期，無疑是創舉。懵懂的我在教授的帶領下，漸有心得，這份恩情，我由衷感激。所以每當有人問我怎麼會走入營養這一領域，我總是告訴他們：「會走營養，是董教授要我走的。」

民國四十年初，國人普遍營養不良。而且由於物資不足、父母的常識不夠，一般都用白米磨粉餵養嬰兒，因此很多孩子得了名叫 Kwashiorkor 的營養不良症，以及維生素A、B_2缺乏症等，嚴重的話會導致失明。爲了解決台灣地區的嬰幼兒營養不足，聯合國兒童發展基金會（UNICEF）建議發展兒童高蛋白食品，董教授與我便朝著這方向做研究。

我們發現白米粉這類食品蛋白質的含量不高，也缺乏維生素A乃是問題所在。而黃豆粉內含豐富的高蛋白，如果把白米粉和黃豆粉，或花生粉和黃豆粉混合食用，便可解決營養不足的難題。爲了證實這些嬰兒高蛋白食品，確實可以讓嬰兒得到良好的發育，我們還成立了托兒所。後來，我的第一個孫子也進托兒所，成爲這系列實驗的個案之一。

這一連串的研究引發了我的興趣，五十四年時遠赴美國麻省理工學院（MIT）進修兩年。回國後，即著手中國人蛋白需要量的研究，七十四年時，這個研究成果發表，很榮幸地被國際所認定，成爲國內制訂國人每日營養素建議攝取量的根據。五十七年時，日本東京慈惠醫科大學頒給了我醫學博士學位，算是肯定青春時期的努力。

董教授和我都喜歡分析中國特有的食品，例如皮蛋、鹹蛋、臭豆腐、炸油條等成份，往後也投入膳食纖維質和脂質代謝研究。總之，只要對國人食品營養能盡一分力量，有些微貢獻，就是我最大的喜悅了；同樣的，如果研究得不出成果，例如無法說明成年人攝取高蛋白飲食時，有正氮平衡的機轉，可說就是我最遺憾的事了。

四十多年的教師生涯裡，大多數的學生都成爲對社會有貢獻的人，是我最值得驕傲的成就，不過，近年來功利文明之風也吹進了校園，像我這樣唸醫學後，卻只想做研究的人，可以說斷根了呀！

其實，全球每個醫學院學生在畢業之前都要宣誓。其誓言源自醫學之父希波克拉底斯，後來被重譯，稱爲「日內瓦宣言」。宣言是這樣的：

「准許我進入醫業時：

我鄭重保證我要奉獻一切爲人類服務。

我要給我的師長應有的崇敬與感戴；

我將要憑我的良心和尊嚴從醫事業；

病人的健康是我的首要顧念；

我將要尊重所寄託予我的祕密，甚至於病人死後；

我將要盡我的力量維護醫業的榮譽和高尚的傳統；

我的同業應視爲我的同胞；

我將不容許有任何宗教、國籍、種族、政治或地位的考慮，介入我的職責與病人之間；

我對人類的生命，自受胎時起，即始終寄予最高的尊敬，即使在威脅之下，我將不運用我的醫學知識去違反人道。

我鄭重地、自主地並以我的人格宣誓以上的宣言。」

但醫生所擁有名利遠遠超過學術研究，現代的學生又講現實，要求工作時數少、薪資高。爲了不使學術斷層，台大醫學系的課程今後將加重人文科學，因爲豐富的人文素養，才會發自內心產生對人的尊重。同時，將採行小班教學，加強臨床研究，使醫學與病人的聯繫加強，並強調台大的傳統理念——教學、研究、服務，培養扎實的專業素養，救助痛苦的病患。不過，課堂與實際差距大，病人太多，醫療的品質自然沒法達到預期。

如今，我的生活心滿意足，四個孩子各有所長，都朝自己的志向努力。但看到與人們接觸最爲頻繁的傳播媒體，大幅渲染社會的黑暗面，加上身爲立法者的國會議員們動輒打架、大聲相互斥責，對被質詢者咄咄逼人的醜陋現象，內心不禁爲我們的下一代感到痛惜，想必他們的心理一定受到戕害了吧！

所以，李總統提出「心靈改革」的呼籲，的確值得深思，如果不從心改革，未來會更加紊亂。尤其中小學生的心最單純，像一張白紙般，很容易受到污染，現今的學校教育無法面面俱到，老師必須多關心學生的人

格，父母也要花心思給孩子真正的需要，也就是愛。媒體更要檢討，多報導善的、好的事情，惡人或許就會少了一些。

林澄枝

建設和樂的家

女性的時代已經來臨！

美國哥倫比亞大學師範學院研究所深造後，林澄枝從中學教師，擢升為大學副教授，更擔下大學學院校長重責。由於深受家政教育薰陶，她積極參與婦女團體和兒童福利活動，倡導文化建設。民國八十五年，她接下了行政院文化建設委員會主任委員要職，為富裕的台灣人民創造心靈美化的空間。

本文中，林主任委員暢談職業婦女的自我成長、家庭教育和親子的互動，以自身所見所聞，娓娓道來，平實中見真情，令人動容。

時間過得真快，從民國五十年算起，教書已經將近四十年，稱得上是「老」教師了。不過，除了在中學擔任專職教師外，接下來的職務愈加多元化，教書成了兼職，但一想到學生充滿青春的活力，清澈的眼眸透露的意欲，就放不下這份工作。總之，教育可說是我這輩子最有成就、最喜愛的工作了。

近年來，女性意識抬頭，家不再是現代女性唯一的歸宿，職業婦女在社會中逐漸扮演吃重的角色。遺憾的是，男女兩性地位卻似乎停留在傳統階段，在職場力爭上游，回到家後，家事仍是由女性一肩挑起。為了維持家庭的和諧，女性不得不在工作和家庭間疲於奔命，心力的耗費勝過往昔。

常常有人問我：「妳怎麼能夠同時勝任這麼多的職務，又有時間進修讀書？」其實，我並不特別能幹，也沒有三頭六臂，只能說我很幸運，受到丈夫和家人全力的支持。

我們夫妻感情一向篤厚，外子十分體貼，也能以我的工作為傲，因此我幾乎沒有來自家庭的壓力。同時，媽媽和姊姊也成為最好的幫手，在四個女兒年紀還小的時候，主動協助照料她們，讓我能無後顧之憂地到美國進修四年。所以，我深刻體會到一個職業婦女能得到家人的認同是多麼幸福的事！

一般來說，時間應該是最難掌握的，尤其身爲主管，所肩負的責任大，花費的心力和時間也必然更大。以我爲例，入閣之後，來自各方的邀請多不勝數，想婉拒應酬都怕得罪對方，但公婆年紀已大，加以身爲人妻人母，怎能把晚上和家人相聚的寶貴時間輕易放棄？在兩難之中，我想出了好方法：盡可能把所有的約會，包括和同仁討論會務都訂在中午，大夥吃簡單的便當，提出重點議案，既經濟又省時。採行之後發現這個方式效果很不錯，無謂的應酬自然減少，不理解的人也逐漸認同了。

我和外子都是戀家的人，在孩子上大學之前，全家人天天一塊兒吃晚飯，我也一定在孩子放學之前到家，換上家居服，當她們按下門鈴之後，第一個出現在她們面前的，就是我這個媽媽。然後母女在門口擁抱，聆聽她們描述在學校一天的生活，笑聲不斷地走進客廳。那一段短短的路程成了我們母女最美的回憶。

上天很公平，給每個人的時間都是一樣的，一天只有二十四小時。所以，不能自我設限，須自己善用智慧爭取時間。我想，自我約束規律的生活是最好的方式。例如以前爲了孩子上學，清晨六點半就得起床，想不到竟成了習慣，如今可以多睡，卻還是照常早起，到七點半之前，屬於自己，看書、聽音樂或者寫信，既不受電話干擾，也沒有惱人的瑣事，時間像多出來的一樣呢！

不過才一轉眼，怎麼也沒想到自己已是花甲之年了。回憶中童年時光，家中稱得上富有，但生活過得很樸實，鄰居們往來接觸頻繁，出了門常常忘記上鎖，卻毫不耽心，因爲大家守望相助，小偷根本沒有下手的機會。可是現今的社會亂象，不僅令人憂心，甚至心生恐懼，活在這個時代，真不知該爲生活富裕高興，還是該爲道德淪喪悲歎？

大家都說：「社會生病了！」我們經常可以看到周遭的人推諉責任，交相批評指責。民間希望擺脫貧窮，政府也的確創造了經濟奇蹟，全民都變得有錢，但飽暖思淫欲，整個社會風氣變得難以置信，色情充斥，暴力頻傳，爲了錢，可以放棄最珍貴的人格，而報章媒體更成了煽火工具，把

貪婪和凶狠之火傳播開來，嚴重地扭曲價值觀和人性善良面。

依個人淺見，政府把太多的精力放在經濟發展和政治上，是病因所在。投身文建會，深感國人對教育和文化的貧乏，如何使教育正常化，把藝術文化成爲民眾生活的一部份是當前的課題，這也才是根本解決現代治安的最佳良藥。

所以，儘管有人評論李總統提出的「心靈改革」是遙不可及、空洞的口號，我卻要對一位居上位的元首能看出社會病因，提出此良策而感到興奮不已，給予最高的禮讚。因爲領導者能夠體會人文教育的重要性，推動治本的人心改革運動，如果大家都能認同，上行下效，努力落實，那麼我們這塊生於斯長於斯的土地一定會建設得更接近完美。

或許我說的話很八股，但文化是充實空虛心靈的唯一方法，玩樂只是短暫的麻痺，多接觸美好的事物，培養嗜好，抒解壓力，再加上有宗教信仰，從中學習自律和反省，那麼人生方向怎會偏差呢？

身爲女性，也是一個母親，我認爲家庭是影響一個人一生的地方，而父母就是子女的啓蒙老師，掌握了他們的人格成長要素。例如以自己的家

庭爲榮，雖然平凡樸素，卻是我生命的重心和最大的驕傲。現代青少年問題層出不窮，在此，就以自己爲例，提出家庭教育的淺見和天下父母們分享。

首先，從小就要培養孩子們擁有嗜好，時時給予機會教育。例如外子喜愛攝影和閱讀，我也偏愛看書和聽音樂，所以家裡處處擺書，音樂流瀉，孩子們隨處可得書籍，在耳濡目染下，養成愛書習慣。同時，每年全家人會出外旅遊一趟，事前外子會分配我們做功課，查看當地歷史、風土民情和特色，事後實地親身體驗，領會了「行千里路勝讀萬卷書」的實感。

其次，父母不要給孩子太大的壓力，容許孩子參與課外活動。在升學主義掛帥的今天，孩子鎮日埋首教科書中，十分可憐。由於他們還年輕，有太多的幻夢，會喜歡看小說、電影，讓他們在課餘聽音樂、選擇喜愛做的事是正常的。我們都有過青春，應該了解那段時期的叛逆和渴望，偶爾放鬆又何妨呢？拉得太緊的弦容易斷，過度嚴格卻反逼得孩子走上絕路，最難過的還是父母，不是嗎？

第三，父母須以身作則，不講重話和責罵的言語；夫妻意見不合，也絕對不可以在孩子面前爭吵。父母是孩子學習的對象，大人都不懂自律，怎能期望孩子約束自己？

第四，和孩子成爲朋友，無所不談。每天放學回家，孩子們圍在我身邊，述說一天的生活，我會耐心聆聽，她們有疑問便立即提出解答，在她們成長的每一階段成爲引導燈。有些父母只會給錢，卻從不肯付出時間聆聽，這樣家庭的孩子是沒有機會成長的。

同時，青春期的孩子視同儕比父母還重要，常常回到家後電話響個不停，一拿起聽筒就不肯放手。我的處理方式是孩子講太久時，寫張大字報提醒她。因爲孩子肯和朋友傾吐心事總是好事，悶在心裡才會出大問題呀！所以奉勸父母在孩子講電話時不要坐在旁邊監聽，如果因此傷害親子情感，多划不來。

最後一點是，要給予孩子所有的愛。父母當然疼愛子女，但中國人不擅表達情感，羞於說出自己的想法。可是愛是需要經營、坦誠傳達的，我們一家人經常擁抱，有時拍拍背、在臉頰上輕吻，互表愛意。這些親密的舉止代表著互動、照顧和關懷，勝過千言萬語。

當然，這對有些人來說是很困難的，那麼何不用書信的方式表達心意呢？我常常會寫信或者卡片，甚至紙條給女兒，不管高興或痛苦通通寫下來，讓孩子知道我永遠愛她。而孩子的留言也往往讓人感動，或者會心一笑，留下了親子愛的紀錄。

總之，這個社會有心的善良人還很多，只要我們齊心改變現況，陷在谷底的社會就會逐漸上升，重現原有的美好風貌。我期待著，也誠摯呼籲大家：不要放棄希望！

翁岳生

叫太陽起床

「第一位榮獲海德堡大學法學博士的中國人」、「行憲以來最年輕的大法官」，醒目的標題在報章媒體大幅刊載，不僅如此，自六十一年七月，蒙先總統　蔣公提名，就任第三屆大法官以來，歷屆總統均提名他為大法官，學識涵養與高尚人格備受崇敬。他，就是現任司法院院長兼台大法律系教授的翁岳生先生。

一個成功者必有其艱苦奮鬥的歷程。翁院長自幼失怙，母子六人幾乎走上絕境。文中他暢談從困境中步上人生高峰，足為青年借鏡。

台灣南部有一條八掌溪，把台南縣和嘉義縣分隔開來，我就出生在這個曾是嘉南地區較貧困的義竹。當地居民全是從福建安溪遷移來台，翁是大姓，可以說絕大多數的翁姓人家都是我們的同鄉。

父親是鄉公所職員，母親在市場邊開設一家青草舖，我是長子，有三個妹妹和一個弟弟，一家七口生活還算平順。不料老天作弄，民國三十二年我十三歲，父親猝然病逝，命運從此改觀。

由於父親生前重義輕利，不但沒有積蓄，還欠下一筆爲數不少的債務，母親只好把店舖和房子抵押償債。當時正逢太平洋戰爭，大家生活十分艱苦，出生才不久的么妹就因爲營養不良而病死。

每當蕃薯或稻田收穫過後，地主會任由附近窮人家的小孩到田裡撿剩下的蕃薯或稻穗，母親會交給我一個小竹簍，要我與鄰家的小孩一塊兒去撿。而我總是撿得最少，回家免不了挨罵，原因並不是我的個兒小，而是在於我只撿田裡剩下的東西，不學別的小孩用偷採的。這時我才嘗到窮的滋味，連做個守規矩的孩子都很難。撿少了，要挨餓，想吃飽，就得昧著良心做不法的事。

父親過世時，我才讀小學五年級，之後就無法再以他爲學習的對象。還好有幾位老師待我非常好，其中最值得懷念的，是三年級的胡先德老師。胡老師教學嚴格，但每天中午都和學生們一起吃便當，告訴我們世界偉人的故事。其中美國林肯總統的奮鬥歷程，至今難忘。林肯原是農家子弟，憑著自己的努力，刻苦自修，成爲一名律師，後來更就任美國總統，爲維護黑人的權益而留名青史。當時大家普遍缺乏法律常識，被日本人欺負了也無力反擊，或許就是在這時植下我走上法律的種籽。所以，我常想：「如果我的人生有一點成果，都要歸功於童年時老師的教誨，和偉人傳記給予的啓示。」

小學六年級的李永連老師也令人深深懷念。每天放學後，他爲我溫習功課，鼓勵我繼續升學。小學畢業後，我升上國民學校高等科（國中），念了一年，台灣光復，制度全改了。

由於家庭因素，光復後各中等學校的招生，我都沒去應考，好多要好的同學都升學了，正感到寂寞時，鄰居同學考上台南私立南英商職，路途遙遠，他家人不放心他一個人搭火車通學，說服了媽媽要我和他一起到南答應了。

英商職讀書，由於我的小學成績不錯，南英准予免試升學。媽媽居然點頭

每天清晨五點半糖廠小火車會自義竹站出發，我為了趕搭這班車，五點一刻就得出門。一年後，考上省立嘉義商職的插班考試，我就趕緊轉學，成了嘉商初級部第一屆畢業生。其後卻又面臨了不能升學的命運。

張志聯導師得知我的困境，還走了一段好遠的路，專程到鄉下拜訪母親，試圖為我爭取就學之路，只看見母親皺緊眉頭，然後微笑地感謝老師關懷，又無奈地搖頭。任誰都認同讀書是好事，但貧窮也是實情，擺在眼前的生活都難過，哪有餘裕繳出學費呢？

透過父親朋友的介紹，我到岸內糖廠的農場事務所當臨時工。儘管如此，升學念頭卻時刻沒有忘卻，每天照常溫習功課，仔細搜尋報上的學校招生訊息。皇天不負苦心人。有天報上刊出了台大醫院附屬護理學校招生，兼收男生，最重要的是「負責供膳食和住宿」。隔幾天，台南師範學校招生的消息也上報了，「這也是免費的」，欣喜若狂，興奮得就好像已經考上一般，於是向同學借來參考書苦讀，商校沒讀過的數理也趁著下班

後請教同學。就這樣，靠著一本《升學指南》考取南師普通師範科，這時也暗下決心以後一定要讀大學。

因此，在南師三年，我努力加強英文和代數等科目，準備考大學。畢業後，被分發到高雄成功國小任教。三年的教書生活，我專心投入學生的課業，過得很充實，爲了學生的升學，打算晚一年再參加考試。但服務屆滿前半年，身體出了狀況，X光片上顯示胸腔有問題，只好轉任科任老師。由於暑期已近，大學聯考日漸逼近，宿舍裡有志升學的同事們都到補習班作最後衝刺，我這時受他們影響也想試試看，以便增加下次考試的經驗。沒想到自以爲陪考的我，居然榜上有名，考上第一志願台大法律系。

會選法律當志願，純屬無心，只因我對商學系不感興趣，又不喜歡政治。我記得很清楚，那年是民國四十五年，我二十五歲，比同班同學足足大了五歲呢！爲了彌補以前不能讀書的缺憾，我嗜書如命，每天都比太陽早起，一張開眼睛就覺得：「啊！痛快的一天又要開始了！」迫不及待跑到總圖書館念書。置身那濃郁的書香氣氛中，我如魚得水，除了上課外，總要在此待到夜晚才離去。

其實，剛開始念法律真的很辛苦，課文的內容與法律條文枯燥，只有理性的分析，缺乏情感的滋潤，不若文學有趣。雖然我的成績還好，也有領獎，但念一年後就想轉系。和台大任教的宗親前輩商量，他勸我：好不容易熟悉法律課程，又頗有心得，如果冒然轉到完全陌生的科系，這一年的心血豈不是白費?想想也是有道理，便打消了念頭，全心鑽研法律。大二上學期末，我通過司法官高等檢定考試，同年暑假司法官高等考試及格，取得司法官資格。大學畢業後，再考進台大法律研究所。五十年，教育部舉辦的公費留學考，很幸運的，我被錄取了。當時教育部鼓勵公費生到歐洲留學時，讀法律只能到德、法二國，由於預算緊，全國公費生只錄取八人。

在德國共五年，五十五年九月回國後，應聘爲母校的副教授，當時公教人員待遇很低，於是在夜間部兼了幾堂課，內人也到實踐家專任教，生活過得很清苦。四年後，升任教授，一切心滿意足。六十一年時，由國科會付費，已辦好手續要到美國哈佛大學進修一年，不料我國退出聯合國，政府徵召年輕學人任公職，經先總統　蔣公的提名，監察院同意，我被任

地址：台北市100汀州路三段184號7樓之5
電話：（02）3651212・3653707　傳眞：（02）3657979
郵撥：0189456—1 遠流出版事業股份有限公司

遠流出版公司　收

姓名：
地址：　市縣　區市鄉鎮　郵遞區號：
路（街）　段　巷　弄　號　樓
電話：（公）　（宅）
傳眞：

遠流出版公司讀者服務卡

謝謝您購買本書！

爲加强對讀者的服務，請您詳填本卡各欄資料，

投入郵筒寄回（免貼郵票），

我們將爲您提供遠流最新的圖書訊息，

您並可享受各項購書優惠。

購買書名：________________

您購買本書的方式：□________書店　□郵購

您的性別：□男　□女　是否定期收到遠流書訊：□是　□否

身份證字號：________________

生日：________年________月________日

教育程度：

□國中及國中以下　□高中（職）　□專科　□大學

□研究所以上

婚姻狀況：

□未婚　□已婚←孩子年次(1)____年(2)____年(3)____年

您的職業：

□學生　□家管　□工商　□農　□自由業　□服務業　□公

□教　□軍　□其他

您獲知本書的訊息來源：

□逛書店　□郵購信函　□報紙雜誌廣告　□廣播　□其他

您對本書的意見：________________

____

____

命爲司法院大法官，此後一直連任到八十八年初。

在留德期間，曾隨擔任聯邦政府辯護人的公法教授，到德國聯邦憲法法院旁聽。看到辯護人聚在一起，理性討論爭訟中的憲法問題，十分羨慕。我國現在也成立了憲法法庭，開庭時看到自己的學生已是教授，出庭擔任辯護人，相互理性的辯論憲法爭議，過去的美夢終於實現，我感到十分安慰。而且，任內也曾參與推動重大司法改革，將地方法院、高等法院從行政部門改隸司法院，實現理想真是令人興奮。

大法官和一般法官相異之處很多，大法官主要職責是「解釋憲法、統一解釋法令」，而一般法官則審理具體個案。又因事關一國憲法的解釋，故大法官的資格規定嚴格：須擔任法律系教授或最高法院法官十年以上，或有公法學權威著作、研究法學有政治經驗表現傑出者等。現有十五位大法官，由總統提名，國民大會同意，方可任用。

不僅中央或地方機關可聲請，人民於法院判決確定後，如認爲其權利遭受侵害也可以聲請解釋該判決所適用的法令違憲。例如民法規定，父母離婚，子女的監護權無法協議時，交由父方行使。後來因婦女團體反對，策動提出聲請憲法解釋。經司法院釋字第三六五號解釋，認其違憲，宣告該條文失去效力。

兩岸相通，衍生的問題更多。例如轟動一時的鄧元貞案，主角在四十多年前結婚不久，便因戰亂來台，而後在此另娶妻生子。後來大陸元配提出告訴，不承認鄧在台灣婚姻的合法性。法院經一、二、三審，判定撤銷在台婚姻；於是男主角委託律師請求大法官解釋，大法官認爲民法有關規定適用於平常狀況，但如國家發生重大事故，像本案情形，夫妻隔離數十年就不能一體適用，而且既然在台夫妻共同生活已數十多年，理當承認婚姻合法，因而認其違憲，推翻原判。

不過，愈深入研究法律，就愈覺得「法律規定」是最低程度的要求，道德才是較高標準的規範。法律只能限定人的外在行爲，道德才能約束內在的思想，人們希望法律來使社會秩序完善是不容易達成的，法條有限，一定要靠人民自我的約束。

到過德奧的人都會對他們的守法精神感到敬佩，進一步了解便可以發現是宗教信仰使然。宗教有自律反省的力量，你違法，自己會感到不安，

周遭也會看不起你，根本無須官方干涉。西方的公職人員上任前宣誓的誓言與儀式都與宗教有關，因爲天遣比法律制裁更嚴格。所以台灣治安日益敗壞，我認爲與人民缺乏正確信仰有關，而年輕人對大自然喪失虔敬之心也是主因之一。如果沒有正確的人生觀，缺乏奉獻和服務的熱情，身爲學者律師或醫生又如何？

或許我是太理想化了，憑著一股傻勁把困境變成自己成長的動力。最後，我想告訴年輕人：全力找出生存的目的，不要受一點挫折，就喪失努力和生存的勇氣，逆境時更要積極進取，因爲那也許是你人生的轉捩點。而且如果稍有成就，也決不可以自大和自私，行事「仰不愧於天，俯不愧於地」，那麼，你就會感到心安理得、心滿意足！

虞兆中

人師

初見虞教授，是經由正因文化事業有限公司董事長朱萬里先生推薦的。虞教授與朱先生是中央大學前後期校友，朱先生對虞先生的高尚人品與豐厚學識十分推崇，於是代為邀約採訪。

虞教授是中國力學學會創辦人、前台灣大學校長，工程學是其所長，投身大學教育近半世紀，鑽研學術求變創新，重視人才培育，為我國土木工程奠定扎實基磐。訪談時，虞教授侃侃而談，暢述大學教育理念，流露文人氣度，高風亮節，令人感佩。

要談我的一生？八十三歲了，經歷過的一切恐怕可以寫成一本厚厚的書了。

我出生在江蘇宜興，六歲便進了小學，班上十五個學生當中，就只我一人是從小學到大學都享受公立學校的優待。人不能不知恩，所以我心中一直有著「享受既多，付出也應該多」的想法。

求學時代中印象最深刻的，要算是在蘇州中學讀書的時候了。我們學校的學生都很用功，老師各有特色，學識淵博，教學很有一套，例如學生一般都不喜歡的「黨義」（三民主義）學科，老師在課堂上並不依樣畫葫蘆，而是活用教科書，比較各國的經濟制度、政治型態，生動的講解讓我們一窺全球風貌，精彩極了。

老師對學生採取榮譽制度，有次同學寫了作業，請求老師批改，老師反而責罵他：「自己的作業自己去找答案，我只爲你找出方向來。」在這種鼓勵主動求知的風氣中，我們根本不必擔心考試，平日就有準備。高二時，大家找出自己的興趣作學術研究，壁報上有關地理、天文、化學和生物等論文終年不斷。在那個時代，辦教育的人可以按照自己的理念興學，

值得推崇。因爲人是多元的，以人爲對象的教育也是多元的，今天認爲最好的，明天也許就會推翻這種主張，現今要施行的統一標準制度是有問題的。所以，我認爲蘇州中學是當時全世界最好的中學，對我往後從事教育影響很大。

民國二十七年，中大遷到重慶的第二學年，我受聘回母校擔任助教。三年後，我在建築工程系開課，講授建築結構學，以助教身份講課，算是首創的新例。由於學生們的反應相當熱烈，於是翌年工學院院長便要我在機械系教授力學課程。就這樣，我步上了杏壇。

陸志鴻先生是我在中大的教授，老師講課內容豐富，往往下課鈴響，意猶未盡。他對教學研究懷有忘我的熱愛，以實驗室爲家，一早到校，有時到深夜才回家，他的敬業精神，令我由衷敬佩。

陸先生於三十五年八月接任台大第二任校長，他邀約我到學校「看看」。一年後，我才成行，想不到這一看，竟看到退休。可以說，陸先生開啓了我和台大之緣，度過漫長而不覺其漫長的難忘時光。

其後，我在土木工程系主持系務八年，任工學院院長七年，先後與傅斯年校長、錢思亮校長和閻振興校長共事，他們都能以事論事，公正無私，為人誠懇，公開明朗，重視老師與學生的互動，營造了雍容大度的台大文化。七十年二月，我年滿六十六，便提出退休申請。原以為教書生涯告一段落，想不到教育部特聘我這個退休教授接任台大第七任校長。

教書四十多年來，總覺得學生很委曲，父母和親友有心或無心的壓迫，有如揠苗助長，只管孩子外在的表現，不顧他們內心的渴求，沒有給予應有的尊重。家庭如此，學校和社會也是一樣。

不過二十多年前，擔任大學評鑑委員時，卻看到了一個特例，那就是淡江大學的圖書館管理。當時電子圖書系統尚未問世，但該校的圖書館採完全開放方式，人人都可以帶書包進去，管理人員也全是專業出身。一進大門，桌子坐滿了，各個角落都可以看到學生坐在地毯上看書，我問管理人員：「這樣做不怕丟書嗎？」他笑著回答：「當然會丟書，平均一年遺失三千多本，損失不小。不過，學生愛書總是好事，這樣做是要他們學習自律。」

過了幾年，我問張校長丟書的情況，他說：「現在一年只掉六、七百

本，總有一天不會再丟書了。」這個問題我曾向台大的圖書館負責人談起，他說：「開放制度很好，可是我們沒辦法學，因爲館裡的書都是國家的財產。」這就是觀念的差異，一般人以「我」的方便來管理書，把書看得比人還重要，張校長卻以人爲重，令人感動。聽說淡江後來還在校園提供良心傘，處處培養學生尊重自己，這就是教育。

我也相當重視人。在台大校長任內，學生到辦公室來，我一律請他先坐下再談話。學生的確比我們年輕，但已有獨立人格，應該被尊重，我更重視他們的才能。最好的例子是三十多年前，我有個學生丁啓財，平常就很喜歡思考，愛作創新的嘗試。他經常拿他的筆記和我研究，有一次他對一項問題的處理另有建議，寫了份報告給我，見解頗有特色。於是我告訴他：「下週上課讓給你一個鐘頭講述你的方法。」聽完之後，我覺得這個方法新穎可取，就拿來作爲教材，採用了十年之久。可見學生雖然所知不多，但思想不受拘束，創新的潛力很大，是很寶貴的。

人都有自尊，希望被肯定，只要明瞭這一點，大學生怎能不懂得自律?還記得剛上任工學院院長，某個社團來申請經費，我問學生：「該怎麼批？」他答說：「根據以往的經驗，隨便批就行了。」我追問：「怎麼隨便批？如果社團只需二千元，我批了四千元，豈不是濫用經費？又假設社團實際要花費四千元，我只批二千元，你們又該怎麼辦？」我把申請表退了回去。沒多久，他們遞上切實的預算表和申請書。於是這成了範例。

再舉個例子，往年的畢業舞會都是學生私下進行，那年學生抱著試探的心理前來申請，原以爲一定會被拒絕，沒想到校方居然核准了。學生們開心的不得了，有計畫地籌備一切，連小細節都不放過，舉辦當天氣氛活潑，但十分有秩序，顧慮得比校方要求還周到。這件事令我很感動，感慨也很深：對於學生的活動，信任他們，讓他們自己負責，遠比壓制他們爲佳。

此外，我非常鼓勵學生善用寒暑假，加入服務社團，自己也曾跟著他們上山下海，幾乎走遍了全國各地的偏遠地區。有一次，我到雲林口湖鄉的服務隊處住了一夜，看著他們二十四小時的運作，井然有序，發覺他們的服務工作從計畫、訓練、實施到檢討都非常認真。夜裡他們很遲才睡，可是隔天一早就看見他們穿戴整齊，一問之下，才知道村裡的孩子大清早

就會來找大哥哥和大姊姊，爲了以身作則，他們不得不嚴格規律自己。

還有一次我訪問一服務隊，走進他們聚集的教室時，眼睛一亮，男同學的頭髮都剪得很高，平常在學校怎麼要求也不肯剪短的呀！他們說，不這樣，這社會不會接受他們。可見校外的服務工作使他們領受到在課堂上學不到的處世態度、待人修養，怎樣被領導以及領導別人。所以這種服務他人的活動實在是很好的磨鍊。因此，我認爲一個學生如果沒有參加服務社團，就不能算接受完整的教育。

台東某個山地鄉的村長還告訴我一段軼事。十年前，台大同學到該村落時，他們原不很歡迎，因爲原住民和平地人之間歧見仍深，但同學們寒暑假不辭辛苦到當地服務，對孩子給予真摯的關懷，漸漸地扭轉了他們的觀念。現在他們和平地人的相處融洽許多，這都要感謝台大同學，而村子裡的孩子對大哥哥和大姊姊的依戀甚至招致父母的妒忌呢！

我認爲大學生最重要的是，確立追求的自我形象，使自己的努力有所遵循。有一點是關於生活態度，假如人生處處爲自我著想，就註定一輩子痛苦，有錢想要更有錢，有了名就渴望更有名，永遠不會感到滿足；反

之，樂於爲別人做事，爲團體盡力，那種成就感會令自己欣慰。可以說，知識就是責任，不可妄自菲薄，在人生的收支簿上，要讓支出多於收入才好。

同時，我建議同學們多用心思考。現代人崇尙效率，以「忙」爲權位標記，沾沾自喜，一窩蜂地跟隨流行，像現在校園商業化、盛行投機風，就是沒經過大腦思考身爲學生該怎麼扮演好自己的角色，並不可取。當然，社會也要對這種情況負起責任，公眾人物言行不一，大眾媒體渲染是非，使得原有的價值觀崩潰，上行下效，把民主政治當成兒戲。中國歷代政治人物一言九鼎，從不虛言，現代政治領導人言而無信，怎能把治安變好？

現今教育改革成爲熱門話題，前教育部長吳京到處奔波遊說，是個想做事的人。但教育是門微妙的學問，旨在使人人發揮潛能，人會受各種因素影響而在人生每個階段呈現不同的特性，依我看來，中學的問題不在常態分班或能力分班，而是後段班的處理上。以往學校會把成績不佳的同學編入後段班，老師教學變得馬虎，家長們也對孩子不再抱持希望，在這種

環境下，孩子們不知何去何從，因而懷疑自己，放棄自己，造成社會問題。其實，這群孩子不受升學主義扭曲，想法活潑，用心引導，他們就有可能是將來的愛因斯坦、牛頓或者韓愈。光用考試成績評判一個人的好壞，這種措施不失為教育之毒。

所以，每逢開學典禮，我一定會告訴新生：「忘掉高中時代的榮耀。」也勸告畢業生：「忘掉大學時代的榮耀。」因為學校的成績單只有自己會注意，媽媽會喜歡，進入社會做事，作為和成就才是人生真正重要的成績單。多年前，《聯合報》有個極短篇令我印象深刻，大意是某位在海外的中國人應聘擔任一公司的主管職位。可是兩年後，公司要他走路。他十分不服氣，問上司：「我兩年來，工作戰戰兢兢。從前兩任都曾犯了過失卻得到升遷，為什麼我這個從不犯錯的人反而要被停職？」對方直截了當地回答：「他們會犯錯是因為想創新，是想為公司求進步的人。而你只能蕭規曹隨，不敢放手做突破的事，這樣的人不是公司未來所需要的！」

這個故事寓意很深。我在退休後出任校長，任期不可能超過一任，要做的事卻不少。所以在短短的三年任內都在與時間賽跑，一刻也不敢鬆懈。期間制訂了校徽，推行通才教育和從事校園規劃，例如通才教育的構想已有大專院校採用，而現今的台大校園建築和景觀也都是參照當時的規劃藍圖的。

總之，人一定要對自己的人生負責，有了堅定的信念，外界的風雨任由他去，自己的價值觀不會因此而動搖。教育是我一生的事業，我也覺得很幸運，能有機會爲培育青年盡了心力，並以看到學生們成長、成熟，以及他們的事功成就爲慰爲榮！

孫運璿

把倫理的根深深扎下

在台灣，很少人沒看過《孫運璿傳》這本書。因為書中記載的人物為六〇年代的台灣樹立了文人政治典範——清廉律己、勤政愛民，連連創下「台灣奇蹟」。那股熱愛祖國的真情，令人由衷崇敬。

民國七十三年初，七十一歲時，因公忘私的孫先生罹患了腦溢血，震驚海內外。十三年來，他憑著堅毅的耐力，持續復健，坐在輪椅上仍為動盪的社會憂心，投入公益活動，在立法院中為他所堅持的良善政策請願。這樣一個值得尊敬的人物背後，到底是什麼力量支持他不畏不懼？聽他娓娓道來，便能知曉。

那一年，是我太不小心了。民國六十六年訪問中南美時，在美國就曾心臟病發作，治癒之後以爲自此健康無恙，加上公事日益繁重，也顧不得照料自己的身體，不料一個疏忽，寒冬深夜仍在批公文，上一刻還在思考該怎麼做，下一刻便失去了意識。來自各界的溫暖慰問至今仍難忘，也多麼希望能夠再爲國家盡一分力量呀！

我是山東蓬萊人，十二歲就離鄉背井，到哈爾濱俄僑實驗中學讀書，之後進入哈爾濱工業大學，理工成了我的專長。畢業後，我回到了中國，也因工作需要跑遍中國各省，亦曾到非洲任聘，拜訪中南美和中東；不過，台灣是我的第二故鄉，大半的歲月都在這塊土地上度過。回顧這一生，我最值得驕傲的事要算是一抵達台灣就投入修復供電的那段回憶了。

民國三十四年十二月，我和J．G懷特公司的五位工程師搭機來到台灣。踏出松山機場的大門，放眼望去盡是乾枯的稻田、低矮的木房。因爲二次大戰期間，日本軍閥徵兵、輸出糧食和工業品，掏空了寶島的豐富資源，加上美軍頻頻轟炸，交通癱瘓，百姓的生活真苦！

到台灣電力株式會社接收後，聽了簡報，立即坐著吉普車四處察看，

發現不論是日月潭、新竹或者基隆變電所，電線交纏在地，電線桿攔腰斷裂，慘不忍睹。追究原因，才知道原來不只是戰爭，接連兩年的颱風嚴重破壞電力系統，造成供電力只有發電設備十分之一，不用說工業缺電，連民生用電都很難全面供應，家家戶戶用的電燈泡因爲電壓不夠，都是昏黃暗淡。看在眼裡，心裡真難過。

要修復這些電力，人、財和零件設備缺一不可。可是國難當前，外匯枯竭，就算湊到了錢，也得向美國採買，一兩年才能交貨，緩不濟急。而最重要的技師更是鬧人荒，電力公司的日本技術人員在三十五年三月底前全都要遣送回國，眼看著台灣的電力就要告罄，情勢岌岌可危。

臨走前，那些日本人帶著嘲笑的口吻說：「三個月後，台灣恐怕就會一片黑暗了。」這句話聽了真令人生氣，日本是戰敗國，卻還看不起我們，好！就做給你們看。

當時，我是台灣區電力監理委員，負責電力接收的工作。首先我把公司僅有的工程師派下鄉，再到台南工專和台北工專，和校長們商量：「三、四年級的學生跟我到台電，情況緊急，別讀書了，我供吃住，還可以領薪水。」

這項提議贏得校方和學生的認同，因爲實際參與比課堂理論學習得還多，於是召來了三、四百個學生到台電工作。就這樣，工程師們分頭帶著二十歲的年輕人上山下海，散布在台灣各角落，大家把纏繞的電線一一分開，扶起傾倒的鐵架，分三班制輪流，從白天工作到深夜，任勞任怨。零件少了就到別的機器找，拼拼湊湊地把發電設備拼裝起來，省錢也省料，在沒有辦法中找生路。

僅僅五個月，全國八〇%的電力可以正常供應，三十八年時，電力系統已經恢復到戰前的運轉水準。這股不服輸的傻勁建立了台電文化，也憑著苦幹精神，扭轉了「內無糧草、外無救兵」的絕境，創造了「台灣奇蹟」。

在那段艱苦的日子裡，　蔣公體恤百姓的貧苦，要我們「趕緊想辦法！」於是我先後接任了交通部長、經濟部長，拚了命地改善癱瘓的交通，建設環島鐵路、高速公路、擴充新港和擬定桃園國際機場計畫，也成立對外貿易協會、推動經建計畫、擴建大船廠、大鋼廠。大家一心一意要

讓百姓過得好一點，誰也不計較名份，政府與人民同心協力，終於度過了孤立無援的險惡困境。

我是個工程師，爲了國家交代的使命，很努力充實所學，但迄今最感到遺憾的，是任職期間沒有爲教育盡到最大的力量，尤其是基本教育。依我看來，雖然我們的經濟實力變得充足、教育水準也普遍提升，但國民明辨是非的能力薄弱了，好逸惡勞，事事向錢看齊，校園裡老師沒有受到應有的尊重，社會裡大人急功好利，青少年們缺乏好榜樣，導致暴力頻傳，百姓在惡勢力的淫威下惶恐不安。我認爲，心靈改革也好、治安改善也罷，想要政治安定、財經平穩，最根本之道，還是在於教育改革。

還記得小時候，家鄉流傳一句話：「笑娼不笑貧。」沒錢不打緊，做好事才值得尊敬。在家中，父母親嚴格教示我們是非觀，好就是好，不對的事絕對不能做，沒有妥協餘地。孩子們對長輩非常尊敬，時刻抱著感謝的反哺心接受教誨，父親經常告訴我：「學生的本份就是把書讀好，除此之外，做事要盡職、清廉正直、髒錢絕對不能碰。」在這樣的家庭教育下，我的英文底子深厚，數學總是拿班上第一名，古文也背得朗朗上口。

小學是人生的基礎教育，卻也是打下人生之樁的時期。雖然我只有讀了六年的中國學堂，對我的一生影響卻至爲深遠。當時的老師們教學既熱忱又認真，我們每天練毛筆字，古文還須熟背三百篇，讀孔孟四書，曉諭忠孝節義。畢業前，老師告訴我們：「要做好人、服務國家、貢獻人類，終其一生爲人服務。」「不隨便講失敗，什麼事都要幹到底！」「不重利、看輕錢；要重義、做好人。」這幾句話像烙印似地刻劃在我的腦中，日後無論是在哈爾濱讀書、抗戰國難，來台灣碰到電力垂危，都是老師的一句話「幹到底！」讓我咬緊牙關撐下去。六〇年代國際能源發生危機時，大家都說沒辦法，我就憑著「不講失敗」的幹勁，率團前往沙烏地阿拉伯和約旦訪問，穩定油源。

所以，我相當注重孩子的教育，自己也以身作則，每天再忙碌，早晚一定到母親的房裡問安，一得空就陪著她到永樂戲院看戲，她年事高患重聽，我就在她耳旁仔細講解。不管是在台電當工程師或擔任部長，公務繁重，陪伴母親看戲，讓她開心，是我最重要的事。我經常告訴太太：「教育孩子要訂定標準，哪些事可做，哪些事不可做，要嚴格區分，因爲做人

的道理比死讀書還重要。」身爲公務員責任雖重，但決不能因此忽略自己的家庭教育，因此，我對孩子的課業要求嚴格，每個星期天不接受任何邀約，只和家人相處，利用難得的假日和孩子說話，教他們待人謙虛，不可看不起窮人，而且只要他們不說謊，就算做錯事也會獲得原諒。孩子們的表現也很優秀，爲人謙虛、看輕功利，現今個個在學術界都有屬於自己的天空。這是我爲人父最大的驕傲了。

反觀現代的社會，價值觀扭曲，笑貧不笑娼，父母重視名利，都以爲賺大錢就代表成功，對孩子的身心都輕忽照顧。這樣的心態也反應在學校教育上，只講求知識和技藝，忽略了勤儉、孝順、誠實、尊敬師長的人格教育，不教學生做好人；可以說，這樣的教育方式是不及格的。因爲一個人不從修身開始，談齊家、治國或世界和平都是空論。

同時，攸關民眾生活的大眾媒體也須對社會亂象負部分責任，他們的報導極盡所能地渲染功利和暴力色情，沒有道德觀念，喪失了公布真實與引導人心向善的原有功能，令人痛心。在任期間，我一心要推動公共電視，就是希望能藉由政府的力量，在商業掛帥的媒體中，引進清流，讓人們接觸藝術、音樂，呈現美好人性的節目，把休閒導向健康、有益身心的正途。

今年四月，是我們夫婦結婚五十周年紀念，有兩句話是維持半世紀婚姻的法寶：「忍一時風平浪靜、退一步海闊天空」，太太跟著我吃苦大半輩子，沒有任何怨言，是個賢內助。儘管現在我已不在工作崗位上，但仍然心繫國家，希望能爲基礎教育再盡一分心力，發揚中國固有孔孟傳統，以人爲本的忠恕精神，重建一個重倫理、人人相互尊重的慈愛社會。

我知道這是理想，要達成這樣的目標勢必有相當的阻礙，但如果爲政者能放棄拜金思想，拋棄自私自利的扭曲行徑，率先勤奮廉明，把倫理教育的根探探扎下，上行下效，那麼黑金政治、暴力社會終會成爲歷史，取而代之的，是一個勤儉愛民、人人和樂的美好國度。相信這不只是我的願望，也是全民的期待呀！

蔣彥士

盡其在我

很多人都知道他得意於政壇，輔弼四任總統，備受尊崇。其實，他的所學所長在於農業栽種培植，是一位把傳統農業導向現代精緻農業的靈魂人物。

已故總統府資政蔣彥士先生，訪談時高齡八十三，精神爽朗、笑顏慈祥，仍活躍於政壇，對台灣農業與協助開發中國家農耕技術更是不遺餘力。

對話當中，我們充分領受他的謙和幽默，侃侃而談，雖因時間所限，僅述二三小事，卻足以窺見他實事求是、認真而誠實的學者風範。

世人大多知道我學農，而我這一生也與中國農業發展結下不解之緣。其實，我的家族並非務農，會選擇農學爲業，全是受母親的影響。

曾祖父廷桂公九歲時和僅大他兩歲的哥哥廷樑公失怙，成爲孤兒，他們立志出人頭地，刻苦奮鬥，終於在商業和金融界闖出一片天地，在祖籍杭州擁有不少的關係企業。但勤儉刻苦已經成爲家訓，清晨五、六點，全家人便得起床，孩子們須練毛筆字，家庭老師教我們讀誦古文，祖母管教甚嚴，飯桌上絕對不允許剩下一粒米飯，這也養成了我至今一定把盛到碗裡的食物吃完的習慣。

印象中，父親世英公很忙，鎮日穿梭於綢莊和銀行事業。母親湯潤芝女士受過師範教育，很能體恤他人，照顧窮困人家，大概是遺傳了她的性格，因此當看到中國五千年來以農立國，八〇%的人民從事農耕，靠天吃飯生活實在艱苦。我心裡就暗下立志：「長大以後要學農，幫助大多數的中國人。」

到了該進高中的年紀，我才正式就學。當時有兩門學科對我相當有益；首先就是高二的教育概論，班上只有七個學生，上課時梁有壬老師經

常要學生輪流上台發表研讀陳鶴琴所著《教育概論》這本書的心得，他則在台下聆聽，訓練我們獨立思考的能力，沒想到那時所學的理念爲我日後擔任教育部長奠定了扎實的基礎，其次是高三的公文程式，宋文瀚老師學識豐富，傳授我們切實的公文書寫，我任職行政院秘書長時，派上用場。總之，人生際遇難料，青年時期學習的一切在成人之後一一呈現成果，這也讓我領悟到了「一分耕耘一分收穫」的涵義所在。

中學畢業後，我進入金陵大學農學院就讀。談到這兒，就想起了一段插曲：當曾祖父得知我棄商讀農，氣得絕食說：「讀經濟或政治都好，學農有啥用處？」嚷著要母親帶我回家。幸好母親站在我這一邊，支持我的看法，勸曾祖父：「老太爺，您的子孫那麼多，就當沒有彥士這個曾孫算了，何苦爲他傷身。」或許曾祖父聽了認爲有道理，三天後就恢復進食了。不過，寒暑假我仍然不敢回家，怕一回去就不能再出外讀書，於是利用暑假到中國西北親身體驗農家生活。還記得當時只有十九、二十歲，身體健壯，那兒沒有淡水、雨量少，根本沒水可以洗澡，所以身子髒了，就到灌溉的涇惠渠沖澡，然後等著風吹晾乾，好把身上的泥巴抹掉。雖然日子過得很清苦，回想起來卻是樂趣無窮，相當甜美。

大學畢業後，很幸運地進入位於南京郊外的中央農業實驗所（簡稱中農所）擔任麥作系技佐，每天在田間幹活，實地研究小麥育種技術和改良品種。兩年後，我結婚了，也帶著妻子赴美國明尼蘇達大學攻讀農作物育種學。三年後，修完博士學位，國內正值全面抗戰，就繼續留在美國教書三年多，一等到日本投降，我們帶著六歲多的女兒見美回到了祖國。

中農所所長沈宗瀚老師力勸我重返崗位，我接受了，並新設雜糧特用作物系。該系的技術人員都是來自全中國各校農學院的菁英，可說是中國農學院大熔爐。我和他們同住宿舍，大家一起讀書，每週舉辦兩次研討會，朝夕相處，向同一個目的——爲中國農業發展而努力，爲增加農作物產量付出最大的力量。我們在試驗地上進行農作實驗，日曬雨淋，彼此坦誠對待，交換心得，沒有人會因私利而排擠他人，患難真情彌足珍貴。想到現代人事事講求功利、待人冷漠，相較起來那段日子多麼令人懷念。

不久，中共作亂，中美合組的中國農村復興聯合委員會（簡稱農復會，現改爲行政院農委會）在南京成立，在蔣主任委員夢麟先生的邀約下，我加

入該會工作。沒想到時局日漸動盪，我們撤退來到台灣。那時，我還只是三十出頭的青年，原以爲一、兩年後共產政權崩潰，就可以返回大陸老家，沒想到這一待就是五十多年。

來到台灣，從事的仍是我所深愛的農業研究與農村發展。我們發現無論大陸或台灣，地主都占絕對的優勢，佃農辛勤了一整年，收成的水稻或甘薯等旱作卻要繳出五成，極不公平。爲了改善這種境況，農復會和政府有關工作的同仁們研擬出土地改革計畫，並獲得了省主席陳誠先生的同意和支持。於是，我們按步就班實施「三七五減租」「公地放領」和「耕者有其田」等政策，讓人民有田地可耕種，辛苦的勞動能有所獲，人人在均中求富，在富中求均，實現國父所提倡的三民主義理想。對於地主的地價賠償，我們則給予公司股票和實物債券，使他們免受幣制貶值之苦，並鼓勵大家從事水泥、紙業、工礦、農林等業，促使工商事業有所發展。從一步步的推動成果中，證明了土地改革的確帶動了工業發展。可以說，寶島今日的繁榮，都是當時政府在財經共同協力下所打下的扎實基礎。那個時候，不管是爲政者和民眾都勤儉刻苦，同舟共濟，爲台灣開拓了寬敞大道。

由於工地改革成效卓著，加上水稻品種和栽培方法的不斷改良，單位面積產量逐年增加，稻田總面積雖減少，但每年的總產量必能達成或超過計畫的目標。

以農學的角度來看，台灣的確是寶島，位置在亞熱帶，面積有限，但以中央山脈頂峰高達三千九百九十七公尺（合一萬三千一百英尺），根據霍伯肯斯生物氣候律（Hopkins Bio-Climatic Law），凡海拔增高一千英尺，其氣溫與緯度增多一度相等，是則台灣中部、北部之高山地區，氣溫與華北、南北韓相當，可以栽種溫帶水果與蔬菜。不過剛來台灣，水果只有香蕉、橘子和鳳梨較爲常見，蘋果、梨須進口，至於水蜜桃就從來沒看過。對此我深感遺憾，腦中不斷想著：「怎麼做才能充分利用農地，生產人們愛吃的水果？」

因此，我就建議農復會開始一項園藝作物品種蒐集計畫，每隔數年派上五、六位專家分赴世界各地採集種籽種苗，運回台灣試種。此外，不論公開會議或私人的社交場合，我總不忘託友人到國外旅行時，若吃到好吃

或難見的水果，要把種籽包在衛生紙中風乾，郵寄或見面時帶回給我。尤其擔任外交部長時，經常請駐外使節設法帶些種籽或種苗回來，再交給農業專家試種並用以育成新品種。現在台灣在山高處種植蘋果、梨、桃，山低處則栽育柑橘、香蕉、鳳梨、荔枝、龍眼、木瓜、草莓和西瓜等，各地的特產如天津鴨梨、加州李或奇異果都可在本地大量栽種，而且比原產地更甜美多汁，市面上充足供應，看了真開心。不僅如此，我國成功的農技更聲名遠播，無論非洲、中南美洲、中東或東南亞都紛紛前來求教，中華民國的農耕隊分派全球，也算是對世界和平的偉大貢獻了。

除農學之外，對培育青年我最有興趣。因爲翻看古今中外歷史，不論農業、政治、經濟或宗教，都需要青年的幹勁和衝力。所以，教育是人類之本，不能有稍稍大意。尤其家庭教育影響人的一生至爲深遠，所以父母要以身作則，待人誠懇，做事磊落大方，那麼孩子在淺移默化中，也會成爲受稱讚的人。俗話說：「三歲定終生」，孩子從小就要教育，應對進退禮節倫理缺一不可，一旦養成好習性，社會便多一個好人。而且，父母要時時注意孩子的交友情況，因爲結交損友必將造成千古恨的遺憾。

在這個理念下，朋友們紛紛邀請我協助辦校。而我一向主張人文教育勝過知識技藝，某私立中學最令我印象深刻。還記得那所中學創校時，招收的大多是考不取公立學校或其他私立學校的青少年，但其中有些人精力充沛，聰明好動，就是不愛讀書，而以遊蕩滋事爲樂事。於是我提出了方案，部分問題學生在暑假期間留校住宿，授予特殊講課，課餘成立樂團，晚間和假日則帶領他們參與宗教社團活動。當時樂器不足，就想法子籌款買設備，努力創造一個接觸藝術和尊重的人格教育環境。後來他們果真一個個都改變了性格，不再滋事，有好多個學生還考取大學或專科學校呢！所以，身爲父母或老師不能輕易放棄孩子，要用心使他們走上正途，縱然花費所有精力，千人、萬人中只要能培育出一個對社會國家有貢獻的大人物就夠了。

雖然我只有一個獨生女見美，但決不寵愛她，教她正確的人生觀是我能給予她最寶貴的遺產。見美也的確乖巧，承襲了我熱心助人的性格，獨立自主，待人親切，把一雙子女教育得相當好。我心疼她早逝，也深以她爲傲。

有人問我：「遭逢逆境時，您的信念是什麼？」我想應該是「凡事樂觀以對」，因爲我一直深信世上無難事，凡事盡其在我，只要用心思考，總會得出答案，如果真得想不通，就請教師長親友。總之，絕對不能稍遇挫折就消沈，自暴自棄只會走向末路，不能解決任何問題的啊！

謝東閔

家是一個人的根

他是土生土長的台灣人，九十一年的人生歷程猶如一部內容豐富、有著說不盡真實故事的台灣近代史。

十九歲那年，謝東閔先生從台灣輾轉前往上海升學，探究原因，是不願接受日本帝國統治。待台灣光復，便立即投入省政建設。

他的人生經歷多采，曾任省主席、第六任副總統，現任總統府資政。他推動的小康計畫、客廳即工廠等政策悉為人知，此外還創辦了實踐家專（現實踐大學），在政治和教育史上留下紀錄。面對紛動的現代局勢，謝資政說出了台灣建設中的故事和未來期許。

九十一歲了，過去的一切卻像昨天才剛發生般那樣清晰。在我看來，現代人的物質豐裕了，生活方式卻仍停留在幾十年前，闖紅燈、亂丟垃圾、製造公害。精神層次甚至比從前更低，人情味淡薄，互不信賴，因爲欲望多得不到滿足，爭名奪利，沒法想像的惡行紛紛出現，令人憂心呀！

或許是老生常談，但人要飲水思源。還記得小時候日本人叫我們「清國奴」，在教育和政治各方面壓抑我們，施行愚民政策。十九歲那年，我再也看不慣日本人趾高氣昂的態度，和同學搭船到上海求學、工作，二次大戰期間還爲避難暫居香港，直到三十四年十月二十四日，日本投降後才回到生長的故鄉。算一算，離家整整二十個年頭。

政府遷居來台時，這塊島嶼有六百萬人，因爲日本人長期的壓榨加上美軍連連轟炸，民不聊生，大家最大的希望是有飯吃、有衣穿，而人民窮困，國家當然也沒錢。舉目望去百廢待舉，民眾惶惶不安，政府當務之急，就是維護社會安定，提升教育水平，使人民生活富足。所以，四十二年時推動經濟發展五年計畫，由於成效良好，緊接著推出二、三、四期五年經展計畫，到了六十年，平均國民所得已經達到四一〇美元，是四十一年的

六倍，可以說是開發中國家成功的典範。

這個成果是全國上下齊心協力、辛勤耕耘所得來的，那個時候沒有浪費、奢侈，而是戰戰兢兢地拚命努力，真真切切體會「一分耕耘、一分收穫」的充實感受。儘管如此，「弱國無外交」，國際局勢十分現實，我國外交面臨極大的挑戰，支持中共加入聯合國的聲浪日益升高，尤其東歐共產和非洲諸國最爲囂張，聯合國中過半數會員國傾向支持中共。

六十年十月二十五日，原本是慶祝台灣光復的佳節，卻成了歷史上最沈痛的一日。早在八月，我聯合國代表團由外交部長周書楷先生率隊前往紐約，爲對抗阿爾巴尼亞所提排除我國、接納中共入會一案，進行各項努力。當時我以省議會議長的身份隨團赴美。那段時期，每個團員代表竭盡所能，與各國領袖使節對談，爭取支持，但仗義執言者少，惡勢力大，籠罩的陰霾晦暗而厚重。

二十五日零時三十分，眼看聯合國大會冗長的辯論接近尾聲，即將表決排除我國會籍。周書楷認爲與其被排除，不如主動宣布退出，保持國家尊嚴，於是他當機立斷，昂首闊步地走向大會演講台，準備發表演說，宣布中華民國退出聯合國。

坐在席上，眼睜睜看著深愛的祖國受盡欺凌，卻無力扭轉頹勢，我的心裡覺得好苦悶。而且，一些支持中共的國家代表居然想要阻攔周書楷先生上台發言，像小丑般扯住他的衣袖。但周先生正義凜然，筆直地衝破鬧陣，堂堂步上演講台，簡捷有力地宣告：「中華民國是聯合國的創始會員國，一向善盡各種義務。現在，聯合國已經變質，不講正義、道義淪喪，所以中華民國宣布退出。」說完，周先生走下講台，率領我國全體代表退席，非洲國家代表居然在會場手舞足蹈，十足醜態。

其實，這個挫折並不意外， 蔣公在六月時就已經呼籲同胞：「莊敬自強，處變不驚，慎謀能斷，堅持國家及國民不撓之精神，也就是鬥志不鬥氣。那就沒有禁不起的考驗，衝不破的困難，也沒有打不倒的敵人。」這個衝擊對於台灣，不可說不大，但國人把憤怒化爲前進的力量，締造了「台灣奇蹟」。回想這一段史事，感慨良深，現在有很多人任意評斷我國退出聯合國的功與過，甚至做出嚴厲指摘，令人心痛。我常在想，如果這些人能目睹現場，以執政者立場設身處地，思考一個民貧國困的島嶼面臨

的處境，或許說出的話會公道些。

七個多月後，經國先生出任行政院長，我則被命爲省主席。這個人事命令很突然，內心惶恐，不過接受了使命就要盡力而爲。我認爲退出聯合國不久，民心不安，省府屬內政，必須提出有號召力的主張來激發國人的士氣，所以我提出「增加財富、消滅貧窮」口號，制定施政方針。這個政策構想源自國父的「均富」主張，如何增加財富？我想，國父所講的「人盡其才、地盡其利、物盡其用、貨暢其流」就是最好的方法；一旦全民富有，貧窮自然消失，人人皆可過著安和樂利的生活，這是爲政者最重要的目標。

不料這個立意良好的主張遭到誤解，朋友說：「謝主席，中共正拿你提出的『消滅貧窮』作題目，大力炒作，對外宣傳台灣貧窮，才要消滅貧窮呢！」經過再三思考，想起中國先聖哲人都主張先做到小康，進而達到大同的理想，現今距大同世界十分遙遠，但可以朝著小康社會努力。於是，「消滅貧窮」改了名稱，就是後來大力推動的「小康計畫」。

孔子的《禮記・禮運篇》一直是我心所嚮往的理想：「大道之行也，

天下為公。選賢與能，講信修睦，故人不獨親其親，不獨子其子，使老有所終，壯有所用，幼有所長，矜寡孤獨廢疾者，皆有所養。男有分女有歸，貨惡其棄於地也，不必藏於己，力惡其不出於身也，不必為己。是故謀閉而不興，盜竊、亂賊而不作，故外戶而不閉，是謂大同。」所以，小康計畫有三點具體作法：

一、擴大收容老弱殘障孤苦無依的人安養。設立「仁愛之家」，長期補助貧民、給與公費醫療。

二、輔導生產就業。由政府為有工作能力的貧民，訓練謀生技藝，介紹就業或給與貸款從事小本生意。

三、興建平價住宅，鼓勵節育，改善貧民生活環境。

六十一年十月二十五日，大規模推動小康計畫後，直至六十七年六月底，短短數年間，全省貧民由七萬四千二百餘戶降至三千二百餘戶，只占人口數的〇．〇八％。這是從政多年來，我最感欣慰的成就。

近年來，我國的生活愈來愈富裕，生活水準不斷提升。這應該是值得高興的事，但隱憂也一一浮現，俗語說：「飽暖思淫欲」，賄選、貪污、

搶劫、綁票等駭人聽聞的罪行層出不窮，原本應是窮人得不到滿足才會作出的舉動，現代人卻因過度享樂而昧著良心，淪喪了是非觀。大家都知道「社會生病了」，可是該怎麼對症下藥，眾說紛紜。依我看來，家庭教育是關鍵所在。

日據時代，家政教育發達；台灣光復後，所有的家政學校全面改國中，因為很多人認為「家政教育」就是教孩子掃地、炒菜而已，忽略了其根本的意義。所謂「家政」即是指「如何管理家庭的事」，一個家就像是社會、國家的縮影，自有其倫理和秩序，教導家中的每一成員各司其職，灑掃應對進退，待人謙恭有禮，正是中國固有倫理足以自傲的傳統。遺憾的是，我們自稱禮義之邦，卻嫌棄做人應有的本份，過度追求自我的享樂。反而原本沒有文化的日本視這種教育為珍寶，大力推行，家政學校處處可見。在家中扮演舉足輕重角色的主婦，受到嚴格的訓練，以身作則，教育子女，父慈子孝、孩子尊重長者，家庭成員形成了良好的互動，擴大於外，社會自然安定。

基於這個想法，我創辦了實踐家事。還記得創校當時，未設立圖書館，只好提供一間教室當成書報閱覽室。每當下課鈴響，學生們蜂湧而入，由於只有十分鐘的休息時間，她們只能匆匆流覽，上課鈴響後又急忙奪門而出，毫無秩序，隨手拿下來的書報任意放置，一片零亂。從這個行爲中，就可以看出家庭教育的缺失，而個人在家庭中不懂規範自己，把不好習性帶到公共場合，就形成了社會脫序的來源。所以在擔任校長期間，我對學校的學生提出三項要求：一、要有禮貌。二、整齊清潔。三、物歸原處。人格教育是無法從教科書上學習的，必須從生活的規範中漸漸養成，一旦成爲習慣，一生受用無窮。

總之，家是一個人的根，文化建設就要從家庭著手。同時，我誠摯希望大家多說「謝謝你！」「對不起！」這兩句話，簡單的「謝謝你！」「對不起！」可以把紛爭消弭於無形，力量巨大。想想工作回家時，妻兒遞上茶水，丈夫回應「謝謝你！」多麼溫馨，體貼情懷流露無遺。同樣情景，如果丈夫視爲當然，面無笑容也不回應，妻兒會多難過，家庭氣氛又怎麼會融洽？

《大學》裡有云：「修身、齊家、治國、平天下。」希望世界和平，

就要從修養自己的心開始，責備、批評、諷刺只會造成亂源，微笑、寬大和體諒才會帶動周遭愉快的明朗氣氛。總之，坐而言不如起而行，讓我們多說一句：「謝謝你」「對不起」，這個社會會更美好呀！

莊淑旂

健康存乎一心

她是一個傳奇。滿頭銀髮與明亮雙眸、矯健步伐相對，散發的活力與七十八歲的年齡不成正比，享譽國際的莊淑旂博士挺直了背脊，熱情洋溢地奔走海內外，推廣她所獨創的養生預防醫學。

近年來，莊博士致力推動高齡者的保健與醫療照顧，「防止細胞的老化也就是癌的預防，創造真正屬於自己的第二春」是她的夙願。在堅定的信念驅策下，博士歡喜、從容與自在，以爽朗的笑容和輕快的腳步證實她的理論：「身體的健康來自健全和開放的心！」

有人說：「回憶是美好的。」對我而言，想起過去卻是一陣陣的辛酸，能夠避開不談是最好的了。不過，既然問到我爲什麼會以養生醫學，尤其是預防癌症的保健爲人生目標，就不得不說說往事了。

我與醫學結緣應該從出生就開始的。阿爸是中醫師，日據時代法律雖然規定可以核發中醫師執照，但五十年當中，實際上只發了一張給葉鍊金先生，所以阿爸和絕大多數的中醫師一樣，都算是「密醫」，經常受到政府的諸多爲難。阿爸十分疼愛我，經常把我抱在膝上，對我說話。不過他總是歎氣地說：「哎！可惜妳是查某囝仔，長大之後嫁出去就是別人家的……」言語之中，對我不能繼承家業十分感慨。爲了要孝順父親，所以身爲獨生女的我在十歲時，就偷偷閱讀中醫方面的書籍，並暗自立下志願：「將來有一天，一定要成爲真正的中醫師，不讓父親失望。」

十九歲那年，阿爸才五十七歲就因直腸癌過世，喪父之慟還未消失，七年之後，丈夫也在肺癌的侵襲下撒手人寰，留下了高齡寡母和三女一子，而我腹中還有一個懷胎三月的兒子。這個家失去了丈夫和父親，我真不知道該怎麼面對明天？

那個時代物資極度匱乏，有錢也買不到東西，經常只能以物換物，更何況丈夫病了三年，哪來的收入？種種支出加醫藥費猶如雪上加霜，債台高築，後來連棺材費都籌不出錢來，只好向保正（現里長）求助。保正阿碌帶著我翻山越嶺，向阿秋伯借棺材。更可憐的是，丈夫真正的死因都不知道。因爲當時醫學把癌症視爲高齡者疾病，只知道他的脖子上長顆瘤，不知那是病變癥兆，等到切片的檢驗報告出來，他已經出殯了呀！

眾所皆知，癌細胞是正常細胞產生異常變化，罹患之後，不僅患者痛苦，也折磨了一家人。看到父親過世前三個月，大便中有血液和腸液，髮梢全是冷汗，哀嚎得令人心疼；丈夫也因爲肺癌經常咳出血痰，氣吸不進來，喘得幾乎斷氣。這兩個男人都是我的至親摯愛，眼睜睜看著他們這麼痛苦，我卻無能爲力。在丈夫棺木入土的那一刻，我告訴自己：「只要上天給我機會，十年之後，我要去追求更多的學問和實力，以對抗癌症，絕對不要再有人遭遇和我同樣的不幸！」

之後，爲了養活一家七口，到醫院幫產婦洗衣服，把淚往肚裡吞。大約三年半的時間，我們一天只能吃早餐，到中央市場撿剩菜，煮稀飯過一餐。當孩子哭著喊餓，縱然捨不得也只能安撫：「不哭，哭了肚子會更餓！」儘管環境這樣困苦，我卻從來沒有放棄過到日本進修的念頭，每天都對幼子說：「什麼事都要學著自己做，媽媽以後要去國外讀書哦！」

台灣光復後不久，政府舉辦了全國性的中醫師考試。有一天，蘇錦全先生到我家，問我：「阿旂，妳報名中醫考試了嗎？」我一聽愣住了：「有這件事嗎？我完全不知道耶！」那天是報考的最後一天。趕到報名處，才知道資料準備不齊全，幸好遇到好心的辦事員，答應先收件，隔天再把證件補齊，我才得償夙願。

很幸運的，我通過了考試，成爲合格的中醫師。之後，我在阿爸原本的廣和堂開設診所，並另外開設台灣第一家放射線院，以「有志竟成」一詞取名「竟成」，藉此了解西醫的診斷和治療。現今我能全心投入癌症的探究，可以說全是因爲父親和丈夫的經驗，我深怕自己和孩子也會罹患癌症。如果真能研究出對策，不但對自己有利，也能造福千千萬萬飽受病魔所苦的病患及其家屬呀！

民國四十二年，我還清了所有債務，安排好安家事宜，終於達成心

願：帶著長女安繡，赴日進修。等待了十年，這個機會必定要好好把握。飛機起飛時，暗下決心：「不成功，決不回來。」

剛到日本舉目無親，經由打聽，到慶應大學醫學部藥理學系教室當研究生。由於因緣際會，認識了同樣來自台灣的林清安博士。他鼓勵我：「既然來到這兒，就要拿到學位。」於是，我以博士爲目標，把研究主題訂爲「如何減輕末期癌症患者的痛苦」。

其實，在我的內心裡，無時無刻都掛念阿娘和孩子們，但這條路是我的選擇，只能向前走，不能回頭看。八年多的求學期間，我總是第一個到實驗室開門、最後一個鎖門的研究生。每每有台灣來的鄰居到日本找我，我總是高興地問東道西，恨不得知道故鄉所有的一切，當他們走了之後，還會連連哭了好幾天。不過，每哭一回就更堅強一分，畢竟早日學成歸國，家人的等待才值得呀！

身爲中醫師，熟知中國人重視提高人體的自療功能、規律的生活作息與接觸自然，同時講求氣血通順，調理經脈，增強免疫力，體質逐漸改善後，病症自會慢慢減輕。接觸西醫，才知理論及研究方向完全不同，它講求科學方法，鑽研血球、神經細微的變化，病患有痛楚就用藥物、嗎啡鎮痛。明白兩者的差異後，激發了我的好奇心，不禁想起生長女後兩個月，患了盲腸炎。住院時，同房病患在動手術後，因口渴不聽醫師的警告：「放屁之後才能喝水。」而腹絞痛身亡。爲什麼被視爲廢氣的屁影響力這麼大？難道跟中醫所說「氣」有關？

於是我提出中醫的藥理觀點和指導教授討論，他認爲這個題目相當具有研究性，給了我很大的協助。其實中國醫學早已發現癌症，取名爲「岩」，明確指出，發生異常的細胞與正常細胞屬同一性質，潛藏體內屬陰性，與發炎、化膿等症狀的陽性不同。癌症其根源就在於「心」的變化，尤其七情六慾，如經常鬱卒、氣憤等經年累月未能平復的情緒，不正常細胞就會產生變化，所以心情放輕鬆，身體機能自然就會發揮對抗癌細胞的作用。癌細胞是肉體的衍生，宇宙奧妙非凡，有來路就一定有去路，多接觸大自然，心胸開闊，就算罹患癌症，若能藉此反省自己，在情緒、營養和生活作息作一番調整，也可以和癌症共同生存，活得快樂長久。

最好的例子就是我研究所的同學。畢業前一年，教授和我們幾個研究

生一起到維也納發表論文。其中有位同學的腳趾頭有一顆像雞眼般的小瘤，已經長了很多年，平時不以爲意，也毫無症狀。在維也納時，有一天，他無意中抬起腳來，發現了小瘤的存在，經過檢驗，赫然發現居然是惡性瘤；得知病情後，他整個人都變了，情況迅速惡化，隔年不治身亡。爲什麼癌細胞在體內這麼久都沒發病，得知病況且接受治療後，反而加速惡化的程度？依我來看，就是心的問題。

所以一旦知道患癌，首先要查出病源所在，針對病源特別調養，配合自然的韻律，與風、雨和大地做好朋友，要反省「我爲什麼讓細胞生病了？」並且讓生活規律化，凡事儘量往好的方向思考，時刻想快樂的事，唱歌、跳舞、運動都好，因爲心開朗了，使人不愉快的疾病也會被趕跑的。既然，人終究要一死，快樂度日勝過痛苦自憐，不是嗎？

「怎麼預防癌症？」一直是我最關心的課題。在日本，我曾針對三萬六千多名開過三次手術的癌症患者展開體型、症狀、飲食和日常生活等問卷調查，發現這些患者有共同點：長期錯誤的飲食生活方式及沒有消除當日的疲勞。行醫多年，我深信人若能時時注重身體保養，維持規律生活，

均衡的營養，自然能改善個人體質、提高自身的抵抗力，癌症就沒有可乘之機。

日本天皇的副侍衛長白根松介先生就是實例，他在七十二歲時因吃東西後想吐、脹氣、下痢、疲勞不易恢復，容易緊張、貧血，經過多次的檢查，醫生判定爲胃癌。某天，他的太太帶他來找我，我告訴他要早睡早起，飯前和睡前躺平按摩眼睛、耳朵、手、腳，去除疲勞，站姿和坐姿要正確，少量多餐。在飲食和生活的搭配下，白根先生以九十七高齡溘然長逝。而事後經解剖發現他胃裡的癌細胞仍然存在，其死因出在身體檢查時，禁食過久所致。

民國五十年，我拿到了醫學博士學位後，便全力投入預防感冒、防止老化和防癌等工作，強調「今天的疲勞，今天消除。」三十多年來，我一直知道自己要走的方向，一有煩惱就想盡辦法克服，絕對不被打倒。身爲人，有煩惱是必然的，但懷著爲別人服務的心時，困難會變成向前的力量，推著自己不斷走下去。

我年近八十了，每天早晨醒來，不管下雨或刮風，都會出門，接近大

自然。我常常抱著感謝的心，微笑地告訴自己：「健康，真好！」或許從年輕開始，自立不覺變成一種習慣，我認爲人活著就要動，在不勉強的情況下，多活動是好事，爲他人服務，人生才有價值，老不會不中用，只要往前進、有目標，就擁有青春。而且年紀愈大，心胸愈加開闊，把悲傷和怨恨往好的方向想，並將批評、欲加害我的人視爲恩人，因爲要扭正對方的歧見，自己就必須更努力，因而會更成長。

過去我吃過不少苦，所以由衷希望別人不要再受同樣的痛苦。在此我想給讀者們建議：健康是人生、事業的基礎，有了健康才能夠爲全球更多的人服務。自己就是最好的醫生，相信自己、照顧自己，不讓兒孫增添麻煩，並且不但自己活得愉快、還能去關懷他人，這就是幸福的不二法門呀！

樂茝軍

做自己的主人

一提到樂茝軍，大家也許很陌生，但改口稱薇薇夫人，那您一定會睜大眼睛，說：「哦！就是那個寫報紙專欄、做過電視節目，專為婦女解答疑惑的『現代女性代言人』。」

曾為發行全國、擁有眾多兒童讀者的《國語日報》社長，退休後主持公共電視節目「摩登銀髮族」，探討年長者如何在生活中尋求快樂等課題。

薇薇夫人是一個母親、作家，也是女性意識的推動者。她在百忙中撥冗接受本刊採訪，暢談自我的成長，現代女性如何在婚姻、事業及人際關係的複雜生態中，活出快樂的人生。

人類的歷史有近百萬年，不過女性意識的抬頭卻是這數十年來的事。身爲女性，說出自己想說的話、表達自我的主張，在現代來說是理所當然，但在二、三十年前，不僅前所未聞，甚至駭人。說我是「女性代言人」，實在不敢當，會在報章上公開主張女性要自我成長，尊重和珍愛自己，可以說是偶然。

怎麼說呢？這要從寫作開始談起。

我想，人生當中總會出現很多機緣，雖然從來沒有做過所謂的「人生規劃」，但平日就準備妥當，機會一來隨時都可以上場。從小開始，父親就鼓勵我勤寫日記，將每天的所見所聞記載下來，幾乎沒有間斷。久而久之養成了習慣，結婚生子後雖然忙碌，卻也不曾停下筆來。

二、三十年前的報紙較爲拘謹，也不重視生活層面，沒有家庭版。當時三個孩子陸續出世，婚姻生活從簡單變得多采多姿，於是我以孩子爲主角，將他們所發生的趣事寫成文章，抱著試一試的心態投稿。想不到居然被錄用了，看著自己的心血印成鉛字，有著無比的滿足感，於是接連投了幾篇稿子，很榮幸地，都一一被刊登在報上。

不久後，《聯合報》的編輯向我邀稿，每週一篇。由於寫日記的習慣，自認爲沒問題，一口答應下來。就這樣寫了十個月，也寫出心得來。接下來，報社表示有意開闢家庭版，邀請我寫專欄，每天八百字，主題自由發揮。這時才感到壓力，專欄該怎麼寫？我毫無概念。而且白天工作，晚上做家事，騰得出時間來寫作嗎？我一點把握也沒有。

還好我有很多話想講。從清晨起床開始，腦中便不斷地構思主題；直到把孩子送上床，趁著夜深人靜，坐在書桌前專心寫作，大概一小時就完成了文章。十年如一日，不曾歇筆，後來改成每週三次、一次，讀者的反應非常好。隨著時代的開放腳步，資訊也愈多元化，透過與讀者的互動，我也成長很多，眼光不再局限於自己的家庭，層面廣泛，也擴展了人際關係。對我來說，寫作的確是相當好的磨鍊。

而且，無心插柳柳成蔭，專欄改變了我的人生方向。身爲公務員，原以爲就這樣穩穩當當地服公職到退休，沒想到民國六十年時，《國語日報》何凡社長給了我另一個工作機會：家庭版主編。考慮了很久，決定放棄在台大醫院的工作，一頭栽進喜愛的文學天地。雖然經驗初淺，但做自己熱愛的工作，摸索之中樂趣洋溢，不知不覺就做了二十五年，職務也不斷變動，最後竟接任社長，這是我從來沒想過的事。

或許是懶的緣故，每一份工作我都做了相當長的時間，包括「今天」的電視節目，一主持就是十六年半。俗話說：「滾石不生苔。」經常更換工作固然有新鮮感，但就沒辦法熟練，擁有豐富的經驗，享受深入探索的成就感。同時，每一個領域再精通，也有可以再變化新生命的地方，端看我們是否用心投入。

就拿我最熟悉的寫作來說，反覆寫同性質的文章，不僅讀者會膩，自己也覺得沒趣。但只要細心觀察，理所當然的事都會成爲不平凡的際遇，觀點自然新穎。所以，平日多留意周遭，多讀書、多聆聽，會使自己的眼界大開。

儘管如此，還是經常聽到很多女性朋友說：「一天只有二十四小時，工作、家事就忙得我團團轉，我也有心充實自己，但精力和時間都有限，怎麼可能再進修？」其實，時間是找出來的，只要有心，什麼時候都可以進修，好比零碎時間就是最好的讀書時刻。例如送小孩上學、看病或者等

公車的空檔，就可以把皮包裡的書拿出來流覽，再不然，聽收音機或演講錄音帶也不失爲一個好方法。我算是記憶力不錯，一拿起書馬上就能進入狀況，讀書的範圍也沒有特定，心理學、小說或者社會新聞全都喜歡，所以在專欄裡的話題推陳出新，後來把有關婦女、家庭和親子之間的文章分門別類收集，算一算竟然出版了近二十冊的單行本。

時代進步，現代女性比較獨立，年輕人也不再覺得爲孩子和家庭犧牲是必要，但婦女對家庭、婚姻和丈夫的要求卻沒有太大改變，這和教育水準無關，在我看來，父母的影響力才是深遠。

對一個女人來說，幸福的歸宿甚於一切，兒女和丈夫就是她的世界。但隨著女性意識抬頭，有人益發尋求「我在哪裡？」的肯定。這全在於價值觀的判定，傳統女性和現代女性各有所求，沒有一定標準。但我主張人應該跟著時代改變。有些女性內心雖認同傳統，以家爲重心，卻又受到外界影響，導致內心的矛盾和痛苦。事實上，婚姻不是枷鎖，也不會埋沒一個人，現代家庭孩子少，人際關係單純，只要善用時間，總是可以兩全其美。

例如不必把一天最精華的早上用來買菜，丈夫孩子出門後就可以有一段屬於自己的時間，看書或學技藝都好。同時，運用「技巧」鼓勵丈夫協助家事和分擔照顧孩子的責任，只要他願意做，不管多麼不如妳願，都要給予感謝、讚美，絕對不加以批評，這麼一來，他才有信心、有興趣做下去。

現代家庭不再是傳統的「男主外、女主內」，而是夫妻、孩子，每一個成員共同經營的，彼此尊重。總之，家庭主婦也有權利要求丈夫幫忙家務。我的家就是個好例子，外子排行老么，婚前對家務一無所知，婚後我身兼數職，身爲教授的他自然也得捲起袖子煮飯、拖地，三個孩子更是獨立，不僅會唸書，也會主動整理家務，讓我無後顧之憂。所以我常說：「如果沒有家人的全力支持，就沒有今天的『薇薇夫人』！」

此外，社會服務工作也是女性可以發揮的空間。我有位讀者平日熱心公益，每週排出幾天屬於自己的時間擔任義工。原本不贊成太太拋頭露面的丈夫，經過她一次次的用心誘導，達成「家庭革命」，後來丈夫和孩子全都成了義工，家庭的話題更多，由小我的愛擴大變成對大我的關懷，一

家人比以前更和樂了。人生一旦有目標，就會快樂，最可怕的，是找不出自己的興趣來。所有的學問都是一點一滴地累積，要花時間，不可能一蹴可及。所以平日抽出片刻，孩子小的話一週一次也好，去學插花、書法、語文等等，找出自己的興趣所在，等到孩子長大後，就不會感到空虛，可以全心投入自己喜愛的世界，不是很棒嗎？

同時，我要提醒現代的父母，多花心思在孩子身上。現代人由於鎮日忙忙碌碌，通常把孩子交給長輩或保姆照顧，有的父母甚至一個月才和孩子見一次面，在我看來這是非常不負責任的做法。家庭是孩子最早接受教育的場所，父母就是孩子第一個老師，既然選擇要生孩子，就要懂得付出，教育孩子不是犧牲，他們的成長過程不過十幾年，如果好好教育，面對學校和社會的競爭，抵抗力就會增強。

有些母親事業表現傑出，家庭卻十分失敗。其實，「有心」就可以兩全其美，看書或聽演講都是很好的自我成長方式。如果自覺是「女強人」，不適合婚姻，可以決定不婚或不生子；若是決定養育下一代的話，就得愛自己的選擇，這是天職，不論工作多麼忙，都不足以成爲忽略孩子的藉口。

我的讀者群中不乏丈夫不負責任的女性，因而扛起養家或者償債的重責。依我看來，男人闖禍就該自行負責，孩子也是一個「人」，眼睛雪亮，一定可以體諒母親的痛楚。所以單親家庭不是罪惡，毋須怨天尤人，孩子也不是累贅，用愛滋潤受創的心靈，反而會成爲妳的助力。

全球各國的婦女，煩惱大致都是相同的，結婚可說是女性幸與不幸的分水嶺。但現代女性擁有更多的自主權，婚後若發現丈夫不負責任，就要理智，生一個孩子就夠了，不要忘記妳也有生育權，否則妳痛苦，孩子們更不幸，社會的負擔也沈重。同時，宗教是很好的支柱，擁有精神鼓勵的力量，加入能讓自己成長的團體也是相當好的磨鍊。

總歸一句話，女性要經常問自己：「我能做些什麼事？」然後竭盡所能去達成，孩子看到妳的努力，會成爲對社會有用的人。而且年紀稍長，男女的活躍性恰成反比；男人由於大半輩子以事業爲重，退休後不知所措，女性則因爲牽絆減少，渴望突破的動機增強。例如，在國語日報社成立的慧質媽媽社所策劃的長青班中，絕大多數的老太太都活得很起勁，學

習讓她們變得年輕、有活力。所以，女性朋友們何須妄自菲薄？只要妳願意，「做自己的主人」豈是難事？

陳維昭

謀事在人，成事在天

民國六十八年，台灣創下全世界第一對三肢坐骨連體嬰成功分割的首例，醫學進程邁向新紀元。在舉國注目下，電視全程轉播手術過程，而負責照顧忠仁、忠義兄弟，策劃分割手術的主治醫師，就是陳維昭。

國內第一位由教授遴選方式產生的公立大學校長，也是陳維昭。現任台灣大學校長的他，學術研究聲望卓著，醫術精湛，亦長於行政管理，待人謙和而誠懇。文中，陳校長暢談當前教育與醫學所見所聞，平易扎實、溫馨動人。

在台灣，「會讀書才能出人頭地」的觀念根深蒂固，所以擔任台大校長後，經常有記者要我談談求學過程，問道：「你從小功課一直都是考第一名嗎？」聽了之後，我往往搖搖頭，因爲我小學時算是「問題學生」，成績雖然不錯，但十分貪玩，四年級以前從來沒考過第一名。

調皮的時候，老師會向同是在學校教書的爸爸告狀，還好爸媽知道我玩歸玩，回家後汗一擦，就會靜下來讀書，對我十分放心。不知怎地，五年級開始收心，之後就一路平順地考上台中一中、台大，公費留學，到日本東北大學取得博士學位。由自己的成長過程，我深深體會父母應該創造一個信任、自然的環境，引導孩子成長；用強迫的方式要求孩子讀書，只是揠苗助長，反而會有負面影響。

尤其現代人孩子生得少，無形之中，孩子的壓力比我們這一代還沈重。他們從出生開始，就背負著父母「望子成龍、望女成鳳」的期待，稍稍懂事就被父母送去學習各種才藝，幾乎沒有童年，入學之後，更由升學主義左右了人生的路。我常聽一些父母告訴他的子女：「你只要努力念書，考上台大，其他的事都不要做。」在這種家庭教育下的孩子，變得自

我、本位主義重，也由於從小到大都在享受別人的服務，自然不懂得付出，更不會為他人設想，只是考慮自己的立場、利益，毫不體貼別人的辛苦，把周遭人給予的關心和照顧視為理所當然。在我看來，這種人縱然書讀得好，實際上卻賠上了一個人最寶貴的「人格」呀！

從事教育二十多年來，感觸很深。就任校長四年多，一直在觀察學生的行徑，希望能夠矯正他們思想的偏差，畢竟一個真正的知識份子，不應該鎖在象牙塔裡，自我滿足；而是擁有獻身、幫助人類更往前進的使命感。因此，從三年前開始，我們在台大設計了服務課程，先由醫學院開始實施，學生不修完這門學分就不能畢業，預計八十七學年度將於本校全面實施。

這個課程是由導師和學生共同討論，由學生自行決定投入社區或校內服務工作，範圍包括育幼院、老人院、醫療服務、清理校園等。整個過程導師也須投入，給學生輔導、打分數、寫評語。當然，剛開始推行的時候，老師和學生的反應不一，也有人發出不認同的聲音，不過透過校方民主的對話和溝通，成效還算良好。

這兩年多來，修過這門學分的學生紛紛表示收穫良多——以往只懂理論、光說不做，自己親身動手做，才真正體會勞動過後的辛苦和充實。就拿掃地來說，看起來簡單，可是剛掃乾淨，很可能有人馬上就弄髒了，所有的心血付之一炬，一切重新再來，由此深刻感受環境的整潔是要靠大家共同維護的。而且，走入人群，透過為他人服務當中，了解到人們的真正需求，給予最適切的協助。

我認為這種服務課程不僅可以培養學生關懷周遭人事物的人文情操，導師也可以藉此機會與學生多接觸，師生產生互動，使現有的學生輔導系統更具有人情味。總之，教條式的教育只會教導出不懂世事的書呆子，而落實服務與勞動的人性教育，卻能培育出關心人、貢獻社會的「讀書人」。所以，我建議不妨把三民主義、憲法與立國精神等課程，改成公民教育，讓青年學子切實知道身為公民應該做什麼，具備公民素養，那麼我們的社會將會成為一個富而好禮的理想社會。

其實，學生就像是一張白紙，需要耐心引導，獎懲分明，做對了，給予鼓勵和表揚，一旦有錯，就確實指正，讓他們建立正確的價值觀和是非

觀。很多人都說我們的社會生病了，矛頭紛紛指向學校教育，可是如果成人們只會做表面功夫，任何事都煞有其事，實際誇張不實，怎麼能要求單純的孩子，要真心、要守規矩、要誠實？我想，與其指責教育制度扭曲，不如先檢討自己的行爲是否合情合理？有沒有盡到自己的本份？

雖然我是一個教育工作者，但最愛的還是當一名醫生。擔任校長後，工作加重，但不管再怎麼忙碌，我還是堅持保留每週一次在台大醫院的小兒科門診。原因無他，只因爲在醫療的歲月中，內心刻劃下太多感動的事。

記憶最深刻的，是二十多年前，從日本留學回國時碰到的一個病例。那天，我在急診室值班，一對母子抱著小嬰兒匆匆忙忙地來到醫院，他們告訴我，孩子才出生兩天，哭鬧不停。經過檢查，發現孩子患了無肛症，必須開刀治療。孩子的祖母一聽，問我：「那要花多少錢？」我約略算了一下，告訴她，這項手術須分三階段進行，手術費大概十萬元。她立刻面有難色，不一會兒就轉向她的兒子，說：「再生一個卡簡單啦！」之後就要把孩子帶回去。

當時我好緊張，無肛症不是絕症，只要動手術就會好的，但如果不治療，孩子的命難保。於是我把孩子的爸爸叫到一旁，義正辭嚴地責備他：「既然決定生他，就要養活他。如果是錢的問題，我可以想辦法爭取補助……」或許我說得太嚴格了，孩子的爸爸感覺好像不接受我的建議就是不負責任，勉強地點頭答應了。後來那位祖母經常帶活潑可愛的孫子回來複診，每次她都會帶著疼愛的口吻對孫子說：「你的命是陳醫師救回來的呀！」

對我來說，救人治病是天職，但做一個醫生最想要的，就是這種感動，有時覺得自己只盡了一點點的微薄之力，卻能得到意想不到的回饋，感到十分滿足。而且，我也從病患和家屬的身上看到愛所帶來的無限力量。多年前某天，一對年輕的夫婦帶孩子來門診，做了幾項檢驗，證實這孩子得了巨腸症。這種病是由於腸子沒有神經，容易腹脹，不過只要開刀治療就可以痊癒。

後來，我發現這孩子反應異常，仔細觀察確定他是唐氏兒。但身爲醫生，救命最要緊，於是爲他動了手術。住院期間，他的媽媽細心照料的程

度勝過一般人，她不認爲自己的孩子跟別人不一樣，只要有一點點進展，就開心得不得了。不過，母愛雖偉大，犧牲也最多，出院後門診時，我看到這位媽媽日漸蒼老，丈夫陪著來的次數愈來愈少，最後只見她一個人帶著孩子來醫院。我問與她較爲熟悉的護士長，方才得知她把全部的心思和精力放在這個需要疼惜的孩子身上，疏忽了對丈夫的照顧，加上男人的毅力不及女性，兩人離婚了。

每當想到這對母子，我就會反省：「如果當初不醫治這個孩子，是不是不會發生這樁悲劇？」年紀愈大，在醫療上就愈保守，站在醫生的立場，無論患者病情多沈重，都要全力一搏，努力嘗試挽救生命；但生命不只是軀體，有太多的牽扯和負擔，有時經過急救，病人的命揀回來了，隨之而來的卻是漫長的病痛折磨。從某觀點來看，醫生的確應該盡力救命，但後果全部交給家屬承擔，這樣的作法是不是值得商榷？行醫愈久，愈加深刻感受除了專業外，醫師所能做的十分有限；因爲醫生不能只醫「病」，要醫「人」，爲病人設身處地的著想，給他們與家屬更多的考慮空間，尊重他們的抉擇，這就是現代醫學極力倡導的「人性醫療」。

只要是人，就有可能生病，至於什麼時候會生病，誰也無法預料。十多年前，我喜歡上爬山，不僅健身，置身大自然，任何事都變得很單純，很適合我的個性。人體很奧妙，平常多運動、保持規律的生活、心情愉快等，會增加免疫力，可說是最好的保健方法。

你問我面臨挫折時，怎麼應付？我想，這沒有公式，因爲每個人可取用的支援都不一樣。不過如果遭遇瓶頸時，我會採取「化繁爲簡」方式，把複雜的問題一一仔細解析，循序漸進，這麼一來，幾乎沒有不能解決的事情。

「謀事在人，成事在天」是我爲人處世的原則。如果應該做而沒做，沒有盡力，失敗了當然要自省；相反的，我努力投入，盡心盡力，成功了，理所當然；不成功，也是心安理得呀！

李鍾桂

爲者常成，行者常至

她是女性，頭銜是博士、教授、太平洋文化基金會執行長、亞太智庫總裁、中華青年交流協會理事長、真善美基金會董事長，膺選中華民國第一屆十大傑出女青年，是美國楊百翰大學百年來第一位東方人傑出榮譽校友獎得主。

民國七十六年，在故總統經國先生的託付下，李鍾桂接任了中國青年反共救國團主任。十一年來，她把救國團推上了國際舞台。訪談中，李主任流露赤子真情，而爽朗性格與充沛活力令人印象深刻，忍不住想進一步探索她的人生哲學。

在台灣，幾乎沒有人不知道救國團。

每到寒暑假，綠野深山迴盪著琅琅笑聲，澎湖、金門、馬祖等離島，不時可見青年們活躍的身影。一支支文明、文化風物探索隊從桃園機場出發，目標指向非洲、歐洲、英國、紐澳等大陸，團員們睜大眼睛，迫切渴望將新知刻劃在年輕的生命裡。還有，精心選拔的大專院校菁英，組成青年友好訪問團，在全球各地的表演舞台上，展現才藝，向世人宣揚中華文化與介紹中華民國新生代的熱情與驕傲。

創立近四十六載，救國團團員遍布世界五大洲，更有許多人在各自的領域獨占鰲頭，博得美名。李鍾桂就是其中的代表人物。

民國五十年，李鍾桂考取教育部公費留學；僅僅兩年九個月後，她帶著法國巴黎大學法學博士學位返國。其後，擔任台大與政大教授，膺選中華民國第一屆十大傑出女青年，出任教育部國際文教處處長、太平洋文化基金會執行長。在基金會十年裡，她舉辦多項藝文活動、成立藝術中心、主辦亞太會議，還開風氣之先，將各大專院校的教授、學者以及藝術界人士，組成文化訪問團，到歷史悠久、文化燦爛的國度參觀交流。「到底自

己是念外交的，腦袋裡總是有國際觀、世界觀，所以到任何一個單位，我都積極推動這方面的工作。」李鍾桂說。

民國六十一年，台灣退出聯合國，其後我國的外交陷入空前困境。索性藉由太平洋文化基金會的運作，把中華文化「輸出」至世界各國，並且有計畫地邀請國外知名學者來台演講、舉辦座談會，將國際友誼「輸入」國內，擴展實務外交。如今，英、美、澳、德、日、韓、泰、新等國和我國親善文化交流密切。對於這一切，李鍾桂居功厥偉。

民國七十六年，基金會的聲譽到達頂峰，備受肯定，李鍾桂正想要推動下一波的計畫時，怎麼也沒料到，會接下救國團主任一職。

那年三月十六日，李鍾桂在故總統經國先生的任命下，出任主任職務，無疑是個沈重的擔子。她接下的是兩位蔣故總統的遺願——希望培育出具有愛國情操、對社會國家有貢獻的優秀青年，爲近代苦難的中國開闢新的時代。民國四十一年十月，中國青年反共救國團創團之初，是以辦理高中以上學生軍訓及青年戰鬥訓練兩項爲主，隸屬國防部。直到民國五十八年，爲因應當時推展青年工作的需要，經行政院解除原有隸屬關係後，即向內政部申請登記爲「社會運動機構」，業務卻仍由行政院繼續督導。

救國團雖名爲青年工作，但政治色彩濃厚。七十六年底，台灣解除戒嚴，緊接著經國先生逝世，人團法頒佈實施，國內政治、經濟、社會急遽變遷，「一向罩住台灣社會的保護網突然被拿開。」報紙的社論形容當時的景況。不用說，輿論的矛頭也對準了救國團，紛紛質疑與抨擊它的定位，救國團面臨了前所未有的危機。

來到救國團，一如往昔，李鍾桂仍是單槍匹馬，沒有幕僚、班底，她要靠制度、靠實力、靠視野，領導救國團平安度過黑夜驚濤。經國先生臨終前三個月，曾語重心長地對她說：「團交給妳了，妳好好做，妳放手去做，我對妳很放心。」這段話無疑地是經國先生對她的付託。

爲了使救國團開創新局，李鍾桂與同仁們幾經研究討論，決定將救國團登記爲教育性、服務性及公益性的社會團體，正式成爲社團法人，完全擺脫政治色彩。至於人事問題，則依據人事法令規章辦理，配合工作需求，提升工作效率、增進同仁福利，推出種種方案，建立合理的制度。此外，更積極推動適法化、國際化、學術化三項目標，「海外營隊」就是最

好的例子。自民國七十七年首創「韓國滑雪訓練營」以來，救國團活動的足跡從韓國、日本及亞洲諸國，延伸到歐洲、非洲、大洋洲等二十八國，「營隊國際化」理念已逐步落實。

由於社會變遷急遽，處處充滿聲色刺激，青少年問題已成爲世紀末的危機，李鍾桂看到問題本質：「如果沒有一個身心健康的兒童、青少年，又怎麼會有人格健全的青年、成年人？」除了強化行之有年的「張老師」組織外，還把觸角伸展到社會各個層面，關懷中老年人及弱勢族群，希冀從整體著手，促進社會真正的祥和、健全。

目前救國團的架構除了團部組織外，有幼獅文化事業股份有限公司、財團法人中國青少年輔導基金會、財團法人中國青年服務事業文教基金會，並有培育社會菁英、推動成人教育，鼓勵終生學習的「社會研究所」、推動海內外青年交流活動，促進實質國民外交的「救國團之友聯誼會」等，更把遠程目標定在「服務全中國」，從而成立財團法人中國青年大陸研究文教基金會。簡單來說，救國團服務的對象是全中國人，不分男女、沒有老少區隔，跨越國界。

所謂創業維艱，一年三百六十五天，救國團幾乎天天有活動，工作人員的辛勞可想而知。「在任何一個工作上，一定要盡全部力量，做好能夠做的事」的李鍾桂，經常以自己的座右銘「爲者常成，行者常至」自我勉勵，也以此鼓舞同仁。她說：「只要有目標、有目的地，任何事情只要不斷地去做，一定可以做成；任何地方，只要不斷地走，一定會走到。」在領導人性格鮮明，從不願半途而廢的指揮下，救國團突破了原有的格局，脫胎換骨，邁向新的紀元。

和李鍾桂接觸過的人，都會對她耿直豪爽的性格，留下深刻印象。「主任說話一向直截了當，不講客套，重視誠信，喜歡簡單明瞭，條理分明。」跟了她多年的葉秘書說。不僅如此，我們從《喜悅與成長》《飛躍四十年》等記錄救國團團史的書籍中，看到她的無私。「智慧要與大家分享，讓大家了解你的觀念、想法，你的見解才有價值。」這是李鍾桂的主張，所以她辦每一個活動，從籌備到結束，所有的過程都會保留完整的紀錄。她解釋著：「讓後人有資料參考，經驗傳承，不僅可以避免重複犯錯，也可以節省時間精力，使接替者不必摸索，立即可進入情況，一舉數

得。」

十一年了，李鍾桂帶領著救國團走過風風雨雨，經國先生的知遇之恩，她銘記在心。「不爭長短、不比高低、不講門面」這句經國先生的話，她奉爲圭臬，所以世事雖紛擾，但她懂得爲自己而活，活得快樂，活得有尊嚴，成爲自己生命的主人，他人的想法根本微不足道。

問李鍾桂有沒有遺憾的事？她微微一笑，指出現代人往往看不清是非曲直，人云亦云，喜歡譁眾取寵的題材、貪污緋聞的報導，漠視默默耕耘的人，最爲痛心。「我們深入基層，義工群遍布全國三百五十三個鄉鎮，服務的對象從兒童到老人，活動有動態，也有靜態，不求名利，日日辛勤努力，卻很少有媒體主動來採訪，報導也十分有限。」

那麼她對「心靈改革」理念的看法又是如何？「我認爲『心靈改革』不需要多說，而是從自己、從淨化人心開始。多接觸『真』、『善』、『美』的人、事、物，自然會潛移默化，從個人到家庭、社會，再擴大到整個國家，以愛心、熱心、誠心待人處事，散發人性的光輝，明天一定會更好。」李鍾桂說。

「有理想的人會活得朝氣蓬勃」，李鍾桂神采奕奕的外貌、活力十足的行動，證實了這句名言。除了救國團的工作外，推廣真、善、美基金會的活動是她最大的心願。

所謂「真」，是以科學的方法，精確地、快速地提供正確、真實而新穎的資訊，舉辦各種研討會、座談會、演講等，以滿足人們的求知欲。「善」，是以道德的力量，善意地、善良地推動清新、純潔而健康的工作。她表示，現代社會風氣敗壞，很希望大家一起來做「內修」的工作，進而推己及人，移風轉俗，建立良好的社會秩序，使人人安居樂業、安和樂利。「美」則是以藝術的眼光，自然地、積極地展開美好、溫馨而理想的活動，從純化自己、美化社會到強化國家，使人人陶醉在美的世界。「這是我的終生志業，也希望天下有心人和我一起，來爲建設美好的世界而努力！」李鍾桂誠摯地說。

是女性、是妻子，也是挺身基層建設的社會工作者，李鍾桂每天的行程排得滿滿的，把能力發揮到極限。這個「到任何一個地方都要留下一點成績」、同仁們眼中流露敬愛眼神的李主任，正在爲救國團的歷史寫下新

頁，也在爲海峽兩岸的中國青年們打造未來！

崔玖

天人合一

有人稱她「永遠的奇女子」。

一提到傳統醫學，「崔玖」的名字就會浮現在人們的腦海。其實，她是一位享譽國際的西醫權威，因緣際會下，她竟學起中醫、針灸和氣功，把西醫的科學理論與中國傳統醫學融合應用，開創新醫學的領域。

剛剛卸下陽明大學傳統醫學研究所所長職務，全心推廣「生物能醫學」的崔玖教授，七十高齡仍然孜孜投身研究，發表的論文備受國際醫學界的推崇。她溫和的語氣中透露著對生命的熱愛，令人動心。

去年，行醫滿四十五年，台灣醫師公會頒了「終生奉獻獎」給我。我欣然接受，因爲這個獎章不僅是榮譽，也代表了對我投身醫學研究的肯定，是未來生涯的里程碑。

近幾年來全心投入中國傳統醫學的研究，人們誤認爲我的本行是中醫，其實我在美國賓州大學攻讀婦產科碩士後，接受紐約大學的聘書，一面行醫、一面教書，後來又到夏威夷大學授課、作研究，是一個不折不扣的西醫。

停留美國期間，碰上了所謂的「嬰兒潮」，也就是二次大戰結束後，戰士們解甲歸國，人口急劇增加，成爲時代的課題。這時，美國開發總署找上了我，要我擔任家庭計畫醫療人員培訓計畫的負責人，把在美國推動的節育和避孕的觀念和技術，推展到亞洲和非洲各國。

深入亞非各地，更加深刻體會貧富的差距。世界上農業及非都市人口佔全人類的八十%至八十五%，而現代醫療設備只集中在大都市，服務不到三十%的人，在這種缺乏醫療設施和技術的地區，病菌滋生，感染率高，所以人們關心的是生孩子時，能有幾個活胎？又有幾個孩子能順利長

大？於是，以量取勝，多生幾個才能多活幾個。然而人口問題帶來的不僅是貧窮落後，也突顯了女性的弱勢角色。她們大半的青春都在生育、養育孩子，沒辦法規劃經濟和人生，所以我們到這些地區教導婦女衛生常識和避孕方法，提倡實施家庭計畫。

不過，在足跡遍及東南亞偏遠地區之後，看到了中國傳統醫學的奧妙，印象深刻。不論東南亞或中國，幅員廣大，現代醫療極不普及，人們生病了，採用的還是傳統民俗療法。把這些療法歸納分析，發現全不脫中國傳統醫學的範疇，從保健、醫療到養生，十分完整，延續了成千上萬、世世代代人們的生命。當時我雖不理解，對中醫存在的價值卻深表肯定，或許因此就結下了日後我走上中國傳統醫學研究的因緣吧！

民國五十九年，我率領了婦幼衛生工作團回到睽違已久的故鄉台灣。在這塊伴我長大成人的土地上，我面對的仍是人口問題，在榮總婦幼中心和國防醫學院擔任主任近五年，努力倡導「兩個恰恰好」的家庭計畫，落實推動節育、避孕和婦幼衛生工作。這當中，婦女的子宮頸癌患病率不斷上升，令人憂心。幾經臨床經驗，發現絕大多數的女人平時忙於家庭，很

少留意自己的健康，當孩子可以自立時，自己卻病倒了，而病因大多出在婦科方面，如果有一種簡單方便的方法，讓婦女能迅速檢驗，及早發現病源，對婦女來說，無疑是一個大好消息。於是，我引進了子宮抹片檢查技術，迄今近三十年，抹片檢查已成為現代女性基本的保健方式，成效卓著，讓我感到相當欣慰。

那陣子或許是太投入，身體微恙，檢查之後才知道自己患了「五十肩」。那是一種關節的毛病，沒藥可醫，只能靠物理治療的復健方式減輕痛楚。經朋友介紹，我接受了針灸治療，幾次之後，居然痊癒了。這個親身經驗引發出我對針灸的好奇，渴望理解其中奧祕。因此，透過多方介紹，和多位資深的中醫研究、探討，我被中國傳統醫學深深吸引，決心作深入的探究，為其整理出系統脈絡。

西醫認為所有疾病均源自病毒細菌入侵，破壞生理系統，故病患求診，就抽血、驗尿，從中分析病因所在，是一種藉體內的「化學變化」而診療疾病的；中醫則不同，重視精神層面，從身心整體著眼考慮，醫生「望聞問切」，看面容、聆聽聲音、嗅其體味和切脈搏等綜觀各種狀況找

出病源，對症下藥，屬於用身體的「物理變化」來診療疾病。中西醫學各有所長，孰好孰壞？難下定論。不過，有個病例讓我改變想法。

麗莎是第二次懷孕的婦女，第一胎是剖腹產，這一次希望自然生產。她的丈夫華君是中醫師，一天深夜，麗莎陣痛已到每隔三分鐘一次，當子宮頸逐漸張開時，華君在她的兩腳各扎一針，奇蹟似的，近二、三十分鐘未再有陣痛。依我推斷上一胎會剖腹生產，可能就是因針灸失去陣痛致使無法推動胎兒出生。於是，要求他換一個穴道，當他把針扎到另一穴道，陣痛恢復了！經歷這一幕，我心中的震撼無法形容，也對過去二十幾年來婦產專科的訓練感到疑惑。假如把一根細針在腳上「移來移去」，就可以使子宮頸開啓或收縮，是否意味著現代醫學尚有許多未解的謎呢？

於是，我投入了針灸臨床的研究，從針灸的止痛、造成子宮收縮、引產等，四十多個案例相當成功，我把所得寫成論文，發表在美國婦產科醫學會的雜誌上，回響甚大，身爲美國婦產學院院士，我因而被指定擔任和針灸有關論文的評選人。這項肯定給了我莫大的信心，繼續投入針灸安胎、經痛等研究，收穫甚豐。

我由衷希望中西醫學能夠結合，對同一種疾病找出交集點，這樣的新醫學對人類健康才真正有益。於是，我成立了「國際醫學科學研究基金會」，致力中西醫學的整合運用以及中國傳統醫學。想不到這一鑽研，讓我欲罷不能，發現現代醫學有許多瓶頸不易突破，主因可能出在看不見的生命物理的能量現象。中醫把人身上經血的機動力稱爲「氣」，我則名爲「生物能」，這種「能」包含微粒子、波、磁場、信息等，如果人體的氣不順，聚集在一起的氣就會阻撓正常的運作，影響身體功能。此時，用打通氣脈的藥物或方式，例如針灸、氣功或推拿，補其不足，或瀉其過盛，那麼氣血自然運行，身體即會恢復正常。

其實，人體與宇宙是爲一體，宇宙間亮日暗夜，冬去春來，周而復始運用十分規律，生生不息。宇宙的大環境自有其軌道，破壞其律性，就會失去平衡，產生異象。人體也有其生命的韻律，當思想、直覺或信念產生，藉由情緒表達於外時，會影響周遭的環境。所謂「病由心生」，長期壓抑，漠視情緒反應，日積月累，就會生病。所以我相當認同中國人所說的「天人合一」。

要我談「心靈改革」，也不免聯想到「氣」。

每天翻開報紙，看到的都是暴動和不安的消息。大家的內心惶恐不安，人們無辜被捲入痛苦之中。假如用中醫的人體經絡觀點來看，所謂「不痛則通」，「溝通」可能是治療痛的唯一良方。

經絡是人體血脈運行的管道，也就是身體各部份不同細胞組合、互動的途徑。假若把社會比喻成人體，人們想要和諧共生共存，就要靠不同的團體同時作有秩序、有系統的配合和共振。

當經絡中的氣血不順時，身體功能即無法順暢運作，會發生疼痛訊息，唯有打通氣血，才能驅逐痛苦，恢復正常。同理，社會如果產生不平之氣，就需要靠溝通來疏導。一個理想社會猶如人體，先得有合理的經脈分布，一旦經脈淤塞，則有賴理性和冷靜的溝通。不然，混亂的經脈造成處處氣結，若不冷靜調理氣脈，反而作情緒化的反應，與合理溝通背道而馳，豈不是使整個社會痛上加痛！

我們再把人體的功能分成看得見的「血」，和看不見的「氣」。血的運行直接關係身體營養、臟腑健康，氣的運行則關係到功能的順暢，及心情的平和與愉快。一般來說，血運行的速度由心跳規律來控制，氣也必須有節奏、有控制的流通，這除了仰賴心臟用血液動力來支配外，還得靠大腦和意志力，用「意」來運作。

古籍裡的文天祥，手上拿著一塊竹篾。竹貴在正直，而它的中空有節，也在提醒我們：縱然有浩然正氣，是否也須有所節制呢？所以，每個健康的人除擁有暢通的經脈外，若也能顧及到使自己的行爲節奏能與他人產生和諧之音，進而帶動社會的合奏，使人人浸淫在優美的大樂章裡，豈不更加美好！

董大成

找出興趣樂無窮

董大成，一個帶動台灣近代生化科學研究的先驅者，投身生化科技與食品營養研究五十餘年。半世紀孜孜不倦的教學，德高望重，備受尊崇。

現年八十三歲的董教授精神矍鑠，與他談話如沐春風，流露大師自豪與長者慈愛風範。長年來，董教授熱心多項公益事業，是中華民國紅十字會台灣省分會會長、台灣盲人重建院創辦人、中華民國傷殘重建協會常務監事、中華民國抗癌人協會理事長等，竭盡所能貢獻所學，救助需要幫助的人們，以具體行動寫下自己價值不凡的人生紀錄！

一個人會走什麼樣的路，母親扮演了舉足輕重的角色。

我是高雄人，民國五年出生。當時台灣受日本統治，大家的經濟都不寬裕，生活過得很淸苦。每當看到窮苦人家，母親就會皺起眉頭說：「我們該怎麼幫助他們？」尤其生重病的人因爲沒錢醫治，整個家庭陷入愁雲慘霧，令人鼻酸。所以母親常常鼓勵我：「要好好讀書，以後當醫生，幫助那些可憐的人。」不知不覺地，這句話刻劃在我的心裡，成爲我求學時的最大動力。

當我考取台北帝國大學附屬醫學專門部（現台灣大學醫學院）的消息傳來，引起一陣轟動。日據時代台灣人想要出頭大概只有當醫生一途，因此每年報考的人相當多，錄取率極低，能考上「台灣第一」的帝國大學附屬醫學專門部相當不容易。所以不只是我們一家人欣喜若狂，鄉里的人也視爲自己的榮耀，好開心。不過最高興的人應該是母親——她疼愛的孩子終於達成她的心願了。

畢業前一年，我和同學們到醫院實習。每天跟著醫生們爲病患看診、檢查、開藥，日復一日做同樣的事，十分沒趣。想到往後的日子都要這樣

度過，就感到異常痛苦，忍不住把心裡的話說出來，和教授討論。教授也認同我的看法——人生苦短，要找出自己的興趣，然後一直朝那方面鑽研，才不會白來世上走一遭。

拿到大學畢業證書那天，我作出了決定：雖然醫生地位崇高，也可以賺很多錢，但我志不在此，願意留在學校擔任助教，選擇走生化的研究路線。因爲把周遭不起眼的食物著手作分析、實驗，當看到成果的那種喜悅，是用任何的金錢也買不到的呀！實驗室裡果真樂趣無窮，其後，我到日本深造，取得九州大學醫學博士學位，爲了追求新知，又飛往美國，進入威斯康辛大學生化研究所專攻酵素學。

回到台灣，我接受了台大的聘書，在校園裡繼續作研究、與學生們教學相長，儘管戰爭日漸緊張，日子還是過得很快活。三十四年十月二十五日，台灣光復了，大家欣喜若狂，但這麼一來，日本人勢必遣返回國，醫學院不就要鬧人才荒，只剩下杜聰明、李錚源和我幾個台灣教授了？

看來「培育後繼人才」是維繫台灣醫學命脈的唯一方式了，於是我們由原先的一個醫學系所轉爲開辦多項系所，鼓勵學生多讀書，研究活潑而

多元化。

當時，我是生化學科主任兼研究所教授，爲帶動風氣，每個月都會發表論文，把研究成果公諸於世。尤其戰後生活極其貧困，肉類屬奢侈品，大多數國人營養不良，產婦因此缺乏奶水，而奶水豐沛的婦人，也常常因爲貧窮，必須外出工作，沒法餵母奶，改用白米磨粉餵養嬰兒。米粉雖能餵飽嬰兒，但所需的營養絕對不夠，因此孩子們普遍患有 Kwashiorkor 營養不良症，也缺乏維生素A、B_2，如果體內嚴重缺乏這些營養素，會導致腳氣病及失明的！

這時聯合國世界衛生組織伸出援手，委託我們台大醫學院生化研究所，研究只用黃豆蛋白質和米蛋白質（植物性蛋白質）餵食嬰兒，和用牛奶蛋白質（動物性蛋白質）餵養嬰兒做對照組，觀察嬰兒生長的情形，比較兩種蛋白質的營養價值。研究的結果令人驚異：用黃豆和用牛奶餵養的嬰兒，體重增加的情形幾乎一致。當然，牛奶的營養價值比黃豆高，如果把黃豆粉、米粉，再添加維生素和礦物質，兩者就沒有明顯的差異。

爲進一步證實這個研究成果，我們以一對同卵雙生的孿生子爲對象，

一個餵牛奶、一個餵黃豆加米粉（含其他維生素、礦物質），長期觀察之後，發現兩個嬰兒生長情形幾乎相同。於是又將兩人的食品對調，結果還是一樣。由此充分顯示黃豆植物性蛋白質與牛奶動物性蛋白質的營養價值相差無幾。

這個實驗結果令我們十分興奮，因爲黃豆含有的脂質、蛋白質以及異黃酮素 Isoflavon 和食物性纖維，營養豐富且價格低廉，人人都吃得起，對國人的健康相當有益。接下來，我又被糙米迷住了，實在很難想像一顆小小的糙米，竟然集豐富的蛋白質、脂肪、碳水化合物、礦物質、鈣、磷、鐵、維生素B_1、B_2、E、菸鹼酸、纖維素和水份於一身，而且卡路里較低，是上天賜與的上等食物。

只可惜現代人爲貪美味，改吃白米，上一代人從來沒聽說過的腳氣、便祕、肥胖等文明病紛紛出籠。殊不知去除米糠碾成的白米，除了空虛的卡路里澱粉外，營養成份所剩無幾。尤其糙米中的維生素B含量是白米的十二倍，纖維素則是十七倍，而且糙米還有一項白米遠遠不及的優點：米糠中含有植酸鈣鎂鹽（phytin），當它和重金屬之類的有害物質結合後，

能使之隨糞便排出體外，不再危害人體，是一種最佳的自體防衛能力。

糙米的好處說也說不完，唯一不足的是蛋白質，若能配以肉、蛋、奶類食品，就能補其缺憾。不過，我卻想向大家推薦黃豆和糙米搭配，以黃豆豐富的蛋白質加上糙米完全的營養素，可說是「天下一品」，對人體健康再理想不過了。而且糙米加黃豆的煮法一點都不難！將糙米和黃豆一起洗淨（糙米與黃豆比率四：一），用水浸泡約四、五個鐘頭（可利用夜晚時間），之後加少許鹽，以煮白米的兩倍水，用快鍋煮。水氣沸開後，繼續煮二十分鐘，使黃豆和糙米鬆軟，糙米摻有黃豆香味。這種主食已經涵蓋人體所需的各種養分，因此副食可以不必太過計較。這幾十年來，我們夫婦都這樣吃，現今雖然年過八十，身體依然十分健康，腦筋也很清楚，我想這就是最好的證明了。

現代文明病層出不窮，空氣、水、食物、噪音等污染及精神壓力都是原因。一旦有害物質進入體內，或細胞產生異常分裂變化，就會形成人人聞之色變的癌症。根據近代醫學研究，發現人體的淋巴球中，會分泌某種物質，其強度足以消滅癌細胞。這也說明了生活在同一個環境、吃同樣食

物的人們，爲什麼有人會致癌，有人卻能免受其苦。換句話說，外在的大環境沒法改變，提高自己的免疫力才是根本保健之道。

那麼該如何提高免疫力？我想提出五點建議：

一、**注重環保與生態保育**：大自然是孕育萬物之母，而在這塊大地上的萬物也各有所長，有其存在的價值，沒有一絲的浪費。許多植物都含有抗癌物質，長期食用必能增強免疫力，趕走疾病。很可惜現代文明爲飽足人類的私欲，大舉破壞自然生態，以致許多生物已經或正瀕臨絕種，人類也因此失去依靠。有句成語「唇亡齒沒」，如果置身污染、公害的環境，社會風氣敗壞，人們想要安心生活、身體健康，無異是一種奢望。

二、**攝取均衡而天然的食品**：現代人很多毛病都是吃出來的，食品樣樣加工精製，使我們原本適於天然食物的消化器官不僅無法完全發揮，也因爲偏食，導致層出不窮的問題。所以，攝取均衡而天然的食物是保持健康不可或缺的要素。

三、**多運動**：依我的想法，氧可以說是維持生命不可或缺的一種營養素，運動的目的就是攝取更多的氧，消耗更多的醣或脂肪等熱源，變成身體需要的熱能。同時，更可訓練各肌肉器官，增強各器官的機能。走、跑、跳、游泳都是很好的運動方式，這些運動能夠增加心臟跳動及脈搏的次數，促進呼吸及血液循環，提高末梢細胞氧的攝取量。

人的一生須充滿活力，否則長壽又有何益?如果飲食均衡加上每天運動，那麼所攝取的營養素就得以代謝，熱能得以完全釋放，成爲身體活動的能量，這才是長壽保健之道呀！

四、心情愉悅：情緒也是影響免疫力一項重要因素。一般來說，鬱卒的人免疫力較低，以我所接觸的癌症病患爲例，一群同樣病情已受控制的患者當中，憂愁滿面、悲觀者復發的機會超過心情愉快、樂觀的人。

五、抱持為他人奉獻的理念：人是群體的動物，不可能單獨存在，必須相互依存。若能立定目標，爲他人付出，那份喜悅感是筆墨難以形容。近代醫學也提出一份研究報告：有明確目標、肯爲別人付出心力的人，淋巴球會變爲ＮＫ細胞，可以自然滅除異常生長的癌細胞。顯示出人體構造是那麼奧妙，與他人共生共存中，自會產生抗體，或許這就是上天對喜善行者所賜予的獎賞吧！

回顧這一生，我十分滿足，或許是潛移默化吧！五個孩子中，有三個當醫生，兩個往生化路線發展，今年孫子也即將從醫學院畢業。問我怎麼教育孩子的？其實，我一貫是以「找出樂趣」爲原則，不限制孩子的發展，只鼓勵他們找出自己的興趣，因爲只要有興趣，就會主動投入，不需要他人的督促。

當然，我也曾遭遇逆境。當眼前遍布荊棘時，信仰成了我度過難關的唯一支柱，而教友們相互鼓勵，也讓我產生勇氣，再往前一步。所以，人體不能靠藥物維持，合理的營養加上心靈的成長，才是長壽健康的不二法門呀！

方力行

尊重和自謙

「澎湖活珊瑚只剩四分之一，再不保育，澎湖可能成為『死海』。」國立海洋生物博物館籌備處主任，也是中山大學海洋資源研究所教授方力行，蹙著眉頭告訴我們八十七年七月二十日《聯合報》的一則報導。

懷有赤子之心的方教授，對海洋有份執著的依戀，他到深海潛水研究，作鄉野調查、講演、參與保育團體，把海洋生態之美寫成了書。這份努力獲得了肯定，中國生物學會研究成就獎、國科會傑出研究獎、金鼎獎等美譽齊集一身。面對滿目瘡痍的大海，他痛心疾首。但他說：「我不輕言放棄，會努力到最後一分鐘。」

小學二年級吧！父親常常帶我到野外的池塘釣魚、游泳，不知不覺喜歡上了水。建中畢業後，不顧祖母的反對，棄醫從理，進入台大動物系的漁業生物組，一頭栽進了「水世界」。

當時經濟部和台大合作，一年只招收十二個學生，從事台灣海洋漁業的發展研究，我的大學生涯就是在水產試驗所度過的。不過愈深入探討，就愈加感受到學術基礎的不足，這也是養殖業者普遍存在的問題，會養殖魚苗，卻不知道其存活、繁殖或者死亡的原因所在，發展因此受限，一旦出毛病，無從著手解決。於是考取公費留學後，我前往美國加州大學海洋研究院繼續求學，進一步探尋浩瀚汪洋的奧祕。

民國六十八年中美斷交，國人一窩蜂地飛往海外。三年後，我帶著海洋生物化學博士學位和滿腔熱情歸返台灣，避開了熙攘繁華的台北都會，選擇剛剛創校的高雄中山大學作爲落腳處，興致勃勃地加入開辦海洋生物研究所的行列，穿著潛水衣到深海研究珊瑚魚群，在酷暑和極寒的日子裡於了無人跡之處作野外調查。這是個性使然，挑戰最能激起我的鬥志，艱辛之途變成平常路，逆境成了例行事。但眼看著海洋飽受殘害，人們卻普

遍視而不見，令我既苦惱又憤怒。

現在該是人們重新思考的時刻。整個地球表面海水佔了七〇%，陸地不過三〇%，而人類有歷史以來，卻不斷開發陸地，如今人口已有六十億，所有的陸地已呈現過度開發的狀況，海洋可說是人類存活下去的最大生機。然而這個嶄新的領域早已在人類的無知中，大肆破壞，傷痕累累。

就以澎湖爲例，人們把海洋當成垃圾場，海底處處可見廢棄魚網、輪胎、家具，活珊瑚只剩四分之一，魚網緊緊糾纏使得珊瑚礁的共生藻無法進行光合作用而死亡，許多魚類更被絞在網中。可是海面平靜如昔，碧綠藍天，就好像人體已遭癌細胞侵蝕，外表卻毫無異狀般；依我看來，台灣海域已到癌症中期，再不保育，死期不遠。要知道，珊瑚礁生態是花上幾千年的時間才形成的，我們卻在短短幾年破壞殆盡，怎不痛心！

前幾年有個新聞曾在海外引起相當大的議論。有一條探測船到海洋最深的馬里亞納海溝作調查研究，那是人類第一次抵達海底最深處的探索，在這個堪稱最原始、最天然的地方，你猜他們看到了什麼？塑膠袋。萬年都不會消化的垃圾居然已經到了距離人類最遠、海底最深之處，人類到底做了什麼事！

我們經常看到人們為了獲小利，付出無可彌補的代價——把沿海塡成陸地，大舉建設工業區，廢水、清潔劑等化學物質大量傾倒海中，小魚與小蝦，還有浮游生物中毒身亡，以其為生的大魚沒東西吃或者吃了中毒的小魚，人們再撈捕來吃，發生問題是理所當然。日本水保縣的漁民曾經染上莫名其妙的痛痛病，全身都感到不舒服，一碰就痛，生出來的小孩也畸形。經過調查，發現村民是汞中毒，追究原因就出在沿海遭到嚴重污染。然而海水污染的後果不僅如此，濫抽地下水，養殖原本該在海裡生存的魚，導致地層下陷，一下豪雨就會造成海水倒灌、家園變水鄉，讓成千上萬的百姓受苦。值得嗎？

最近週休二日，很多人興高采烈地到海邊潛水，只顧樂趣，踩壞了珊瑚礁，大啖龍蝦、硨磲貝、大法螺、石斑魚、龍王鯛等珊瑚礁魚類。各位不妨看看今年珊瑚礁的年度總體檢報告：這些可食用性及觀賞性的魚類和無脊椎動物幾乎等於零！一九六二年，市面上出版了一本暢銷書叫《寂靜的春天》，大意是描述人類大量使用殺蟲劑，導致森林裡的所有動物、昆

蟲死亡。如果把海洋比喻成森林，當浮游生物和魚類完全死亡，就算我們拚命救活了珊瑚礁，也會像書中所描述的，森林裡雖然有綠油油的樹叢，可是沒有鳥、沒有昆蟲、蝴蝶和蜜蜂，看不到猴子、松鼠、大象、長頸鹿等動物，春天來臨時一片死寂。

根據聯合國一九九五年的調查報告，現在的魚價是五十年前的三十倍，肉類只上漲一、二倍，爲什麼?因爲魚被人類濫捕得愈來愈少，而且沒有珊瑚就沒有魚源，珊瑚礁的復育需要好幾百年，今天被破壞或死亡，下好幾代可能都看不到冒出新生命力的珊瑚礁群。有人問：「這麼說來，是不是不能吃魚?」那倒不是，想吃魚時可以選擇鯉魚、鱈魚、鱒魚和鮭魚等能夠養殖的魚類，而且拒買魚卵、魩仔魚或稀有的魚種，因爲魚卵是魚類繁殖的唯一途徑，而魩仔魚就是小魚，吃一小把魩仔魚，就是吃掉上千上萬條大魚，於心何忍?而且稀有的魚種難尋，任意捕獲的結果，就是讓這些魚類絕跡。尤其現代漁撈技術日新月異，魚源幾近枯竭，目前就有五十種以上的經濟魚類瀕臨絕種。再不想想辦法，我們的子孫再也看不到、吃不到魚了。

所以談環保，我認爲「教育人擁有一顆尊重和自謙的心」是最重要的課題，也是當務之急。現代人唯我獨尊，鄙視萬物，濫墾山林，塡溝渠河川鋪成道路，這份對大自然不尊重的心反映到了現實生活，馬路上車子相爭，人與人之間也互不相讓，蠻橫肅殺之氣籠罩我們的社會。生活在其中的人們怎麼會心安？生理心理又怎麼可能健康？法律明訂「殺人犯法」，爲什麼濫殺昆蟲鳥獸的人就可以逍遙法外？難道蝴蝶魚類就不是無辜的生命？

說到這兒，心好痛。所以我主張一定要從立法著手，規範不合理的自然破壞。不過這只是外加的約束力，最有效的方式還是在於人心的自覺，由衷體悟到「我們只有一個地球」，不容許、也不可以揮霍無度，主動擔負起保護自然資源的使命。至於該怎麼做？很簡單，就從垃圾分類和省水開始，愛惜周遭每一份資源，生活愈簡樸愈好，由此再推己及人，自己動手也邀請家人朋友一起來，一點一滴地累積就能減少對自然的傷害。

不過投身環保這麼多年來，感到愚昧的民眾實在太多，恣意破壞環境，有許多人雖全力守護，卻成效不彰，讓我們有著深深的無力感。另一

方面，我也爲自己無法爲環境、社會和他人再多盡一點心力，相當遺憾。

為了不讓無力感打敗，我總是保持樂觀積極的態度，在生活中尋找快樂。例如在教書、研究、會議、演講和逼稿的緊湊行程之後，回到家中看到家人就很開心，有時摟摟他們就很滿足；還有和孩子交談、好的研究成果發表、父母親身體健康、三兩好友相聚，以及學生成就青出於藍，快樂的事數也數不完。

九月恰逢教師節，當了十六年的老師，感觸很多。教育不是爲培養諾貝爾得主、政治家或企業家而有的，而是要培育出有用的人，對社會及所有的生命有所貢獻；如果讓人變成地球的負資源，教育就毫無意義，所以，父母和教師要教導孩子「無私的心」。現代父母和教師出於自私的心理，爲孩子設立目標來滿足自己的虛榮心，忽略了人格養成。而且過度溺愛，讓孩子缺乏獨立性，挫折忍耐度低，處理事情的能力不足，自然無暇去關懷周遭的人事物。依我的想法，孩子的潛力無窮，只要他喜歡，就能激發學習的欲望，根本不必強迫。

當然，光喜歡、有興趣還不夠，努力去做才能學有所長。而且，父母

師長要想辦法提供機會，讓孩子把所學的東西應用出來，當他表現愈好，就愈有自信，也會更投入，主動往深一層的路上前進。學得專精時，自然會引起共鳴，在社團和網路等處結交志同道合的夥伴，相互交流，將所學回饋社會，貢獻出來。

距新世紀只剩五百多天，步入全新的時代，我們不能還存有「老」的心，用獵槍打鳥、將資源破壞殆盡。現在正是考驗智慧的時刻，在上者要以自身作則，有所規劃，這麼一來必能風行草偃。居中位者則應如國父所說：「聰明才力愈大者，當盡其能力而服千萬人之務，造千萬人之福。聰明才力略小者，當盡其能力服十百人之務，造十百人之福。至於全無聰明才智者，亦當盡一己之力，以服一人之務，造一人之福。」下位者知足常樂，爲人謙和有禮。那麼二十一世紀的社會必定是安和樂利，不再吵鬧和不安。

這是個理想。現實充滿挫折與逆境，幸好我生性開朗，碰上難題時就告訴自己：「難得有這種機會這麼痛苦，這是很好的經驗。」轉個彎看事情，角度完全不同，而且站在同理心，爲別人著想，心裡就能夠慢慢調

適，不會有怨歎。人生不如意事十之八九，洗把臉就可以重新出發。我從不輕言放棄自己的使命，會努力到最後一分鐘，流乾最後一滴血，這樣的人生才不會留下遺憾啊！

馬英九

萬事皆空善不空

近年來一提到跑步，人們腦海裡就會浮現一位淌著汗水、笑容滿面、英挺健康的馬英九。他的談吐優雅，待人真摯誠懇，人們暱稱他「小馬哥」。

擁有哈佛大學法學院博士學位的馬英九學識豐富，宅心仁厚。在法務部長任內推動多項改革，於大學校園亦受到學生們敬愛，更關懷社會邊緣的弱勢族群，成了公益活動的代言人。

訪談中他談法治、談被社會遺棄的角落，目光流露慈愛，言詞懇切。無奈一小時轉眼即逝，聽者意猶未盡。

在懵懵懂懂的年紀，父親告訴了我一段家族歷史，深刻腦海。

祖父幼時淸貧，從學徒幹起，年長後經營了一家小鍋廠，專賣農具。他樂於助人，在鄉里修橋鋪路，頗有善名，不幸染病早逝，留下愛妻稚兒。當時家族間爲爭產，吵鬧不休，失去依靠的祖母經常受欺負，只能忍氣吞聲。父親把這一切看在眼裡，勵志向學，抗戰時離家遠赴四川就讀大學。

抗戰勝利後，父親回到老家湖南。當看見靠耕種自家祖產維生的佃農，終年辛勤卻必須繳出大半年的收成償還佃租，生活窮困，憶起童年往事心生不忍，於是一把火燒去所有積欠的稻穀借據，換來了佃農們的感激淚水。中國人說「善有善報」果真不假，三十八年共產黨佔領村子後，地主們被鬥爭抄家，不論男女老少一律被懸吊半空鞭打一番，還如囚犯般五花大綁遊街示眾。我們雖非大地主，卻也難逃劫難，祖母被抓了去關起來，公審兩次，眼看就要遭受毒刑，這時出現了一位共黨書記，說巧不巧，原來是我家佃農之一的兒子，有感於父親早先善舉，他偷偷地把祖母放了出來，其後才能逃出鐵幕來到台灣。由此可見「知恩圖報」是人的天

性，是任何惡行也沒法斬除的良善本能。祖父遺訓「黃金非寶書爲寶、萬事皆空善不空」就這麼地鑲嵌在我的心靈，成了行事的圭臬。

日後向朋友提起祖父遺訓時，父親既感動又訝異說：「你怎麼還會記得！」其實在耳濡目染中，善根已在我們的生命中生根。回憶起童年時代，我們只要向爸媽打聲招呼，就可以騎著腳踏車四處遊玩，他們一點也不擔心，因爲心無惡念，自不怕惡報，活得心安理得。這個理念源自中國人自古崇尚的俠義正氣，《七俠五義》、《水滸傳》等文字流傳後世，家喻戶曉，司馬遷在《任俠傳》中雖寫道：「儒以文亂法，俠以武犯禁。」但除強扶弱、言出必信、見義勇爲的俠義之人，最受人尊敬、留芳萬古。

總之，「勿以善小而不爲」，今日種下的善因，來日必有回報之果。去年春，拜訪南太平洋島國索羅門群島就親自感受到播種的喜悅，久久不止。那天清晨，我們幾位團員穿著步鞋外出慢跑，沿著街道微風徐來，心曠神怡，不知不覺跑進了一個傳統市場，外表簡陋，賣的東西也很單純，檳榔及蔬果幾樣。突然眼睛一亮，一個穿著藍色T恤的少年吸引了我們的目光，他的胸前繡著中文字「青溪國中張文雄」，原來台灣民眾的愛心漂

洋過海，把廢棄卻依舊完好的衣物送到需要的人手中，創造了新的價值——捐贈者與接受者互不認識，只因爲善心而築成了一條看不見的「愛之橋」。異地相逢的剎那有著莫明的親切與感動，有位團員恰好是桃園青溪國中的校友，備感興奮，忍不住趨前向少年打招呼，一臉茫然的少年就在大夥兒熱情的要求下，咧著燦爛的笑容與我們合照留念。

「台灣錢淹腳目」，我們的生活變得富裕，甚至到了奢侈的地步，這是四、五十年前人們想也沒想過的事。還記得小時候住萬華，祖母常常帶我上天主堂，我們都受了洗，但到教堂是爲了領取麵粉、舊衣服等救濟品。時光荏苒，台灣不但擺脫了貧窮，更早已有餘力幫助他國，這種角色的互換不僅值得國人自傲，也讓人感受到人類相濡以沫那種動人的溫馨。所以，我在法務部長兼國大代表任內，將國代的那部份薪酬存了起來，成立公益信託基金，最近已累積三百多萬，每年十幾萬的利息捐出來贊助弱勢團體、清貧學生和急難之用，因爲取之於社會、用之社會，有能力幫助別人，何樂不爲？

你知道嗎？「現代人」最新的內涵之一是「依捐贈支出佔個人所得百

分比」，美國目前是二％，也就是說，假設你年收入一百萬元，至少捐出二萬元回饋社會，才算得上是「現代人」。更可以說，「回饋與分享」是現代人必備的德性，目前我每年大約捐出三～四％。談到這兒，不禁想起幾個月前訪問基督徒救世會棄嬰中心的一個女嬰。看見她的第一眼，我就被深深吸引住，她笑起來就像小天使般可愛極了，可是在護士打開包巾的那一刻，我楞住了，這個孩子沒有雙腿，也沒有左手。我心中猛地一陣慘然，來到世上不是她的選擇，殘障也非她所願，但還有什麼比得上媽媽不要的孩子更可憐、更悲慘？我們這些「好腳好手」的人又怎能棄這些人於不顧？

強忍住淚水問創辦人解慧珍主任：「這些孩子有人收養嗎？」她笑了：「有呀！歐洲、澳洲很多有愛心的夫婦指定要照顧這種孩子。」先進國家的社會福利措施完備，不管無障礙空間、特殊學校教育和職業保障，都能讓殘障者得到適合而完善的照顧，活得有尊嚴。反觀國內，這樣的孩子沒被狠心丟在垃圾桶、有地方收容就算是幸運的了。但是一個人不是吃得飽就夠了，需要被關懷、被尊重，有他（她）能夠發揮所長之處。所以幫助不幸的人站起來不只是一種美德，更是神聖的義務，也不應只是少數熱心人士的奉獻，更需要全民一起來投入。無疑地，這是一個龐大的「思想改造」工程，前途艱困而漫長，但我一直深信「人性本善」，只要一個人有心推動，終有一天會引起全面的共鳴。

我是性情中人，多年來從事的卻是講求規範的法務工作。所以經常有人問我：「是『法、理、情』還是『情、理、法』才對？」依我看來，「法理情」、「理法情」或「情理法」都沒有對錯之分，不應相互對立，而是必須調和。例如有位窮學生到書店看書，很想要某本書，卻身無分文，於是當上雅賊，順手牽羊。被逮捕之後，有的檢察官對這種案件不一定起訴，可能只是諄諄教誨訓誡一番。因爲如果一律起訴，反而有失平衡。因此，法律賦予檢查官法「內」——而非法「外」——施情的空間。以綁架案來說，肉票和不撕肉票的綁匪，依現行法規是一律死刑，所以在肉票生死未明前，警方和家屬沒有談判的籌碼，綁匪乾脆一不做二不休。所以有時法內施情，結局反而更圓滿。當然，在做這決策的前提是檢查官和法官要學有專精，並能深入理解犯法者的動機，經過仔細衡量，再做出

決定。

總之，我主張「重罪用重典、輕罪則輕罰」，而不限於「亂世用重典」，只要犯下殺人、綁架或強暴等重罪就必須嚴懲，依法行事，若像輕罪，則視情況懲戒即可。因爲審判最終的目的是要使犯了罪的人自省、學習和改進，重新做人，否則犯罪不論輕重，一律重刑侍候，就會破壞罪與刑的平衡，反而失去公平，無法維持秩序。不過國人向來不重視律法，闖紅燈、搭公車爭先恐後、不守時，久而久之積非成是。學校老師教的是一套，小孩子看見成人的行爲又是一套，這樣的言行不一是無法期盼我們的社會禮讓而守法的呀！

因此，法治教育必須融入生活之中，大家尊重彼此的自由與權利。有鑑於這點認知，法務部曾在各中學大力推廣法治教育，例如國中男生好動頑皮，清掃廁所時打打鬧鬧，更把同學關在廁所裡引以爲樂，我們告訴他們這種行爲不只違反校規，更是觸犯「妨害自由」罪行。又有些男生喜歡掀女生的裙子，以爲是惡作劇，但在法律觀點，這種行爲足以構成「強制猥褻」，可以處一年以上七年以下的有期徒刑。至於言語方面的輕薄，除

了「性騷擾」以外，也可能構成「妨害名譽」罪行，不可不慎。我們不是以此恐嚇學生，而是希望大家從了解不同種類的社會規範，規範自我、尊重他人，把法治觀念植入心中，並身體力行，長大後步入社會才會成爲好國民。

所以，我經常告訴青年學子兩件事：首先是「對自己的言行負責」。現代年輕人自稱「新新人類」，主張「只要我喜歡，有什麼不可以」，這個觀點富有個性，很能展現自我特色，不過凡事對自己負責、不妄語、聽得進、信得過、做得到，才是新世紀真正需要的「新新人類」。越戰期間，很多美國青年反戰，把徵兵卡燒掉，這種行徑在當時是要坐牢的，很多人因此逃到加拿大或歐洲規避罪行。但也有些美國青年寧願坐牢，因爲他既然選擇反戰，就不能逃避隨之而來的責任。

其次是要關懷他人。前不久我到台北縣的煤礦坑，和礦工們一起深入到地下四一〇公尺處，手握著鎬煤機往煤層鑽洞，刺耳的隆隆聲、塵土和著煤碎片噴在臉上與身上，一不小心鑽到不穩定的煤層，很可能立即坍塌，深刻感受「生死一瞬間」的恐懼與無奈。回想起民國七十三年，半年

內一連發生三大礦災，死傷數百人，就算幸運逃過一劫，終年在地底下呼吸塵埃，肺部纖維化的塵肺病是另一條死路。採訪礦工醫院，見到奉獻一生青春的老礦工，無法言語，身軀萎縮削瘦，令人憐憫。或許有人會說：「怎麼不轉業？」這是冷漠的話，他們世代依賴開礦維生，唯一的技能就是採礦，一噸煤才賣二千八百元，向死神搏鬥得來的薄薄薪資只能餬口，哪來本錢換工作？這是礦工們的宿命、「多桑」的悲歌，與他們相比，我們何其幸運！又怎麼能袖手旁觀，不對這群默默奉獻、被社會遺忘的人們致上最高敬意，付出最大的關注！

近代教育家羅家倫有句名言：「青年要有文明人的頭腦、野蠻人的身體和不可屈服的意志。」令我印象深刻，也因此關心周遭的人事物、不間斷地運動，如今我已四十八歲，卻有著二十多歲青年的體能，這是我的驕傲，也是我向逆境挑戰的活力源泉。因為人生之路有平坦也有山峰，遭遇崎嶇山路若身心俱疲，稍有不慎就會跌落谷底；反之，精神奕奕正視前方，爬坡攀岩近向挑戰，愈挫愈勇，峰迴路轉，有朝一日終將超越巔峰！

黃鎮台

迎向新千禧

在國科會主委的接待室壁上，掛著一幅書法「以人文關懷為主軸的跨世紀科技發展方案」，小學生的字跡樸拙，在雅致布置中更顯純真。看來，人文與科技結合的根苗正植入孩童們心中。

今年二月，卸下逢甲大學校長一職、接任國科會主委的黃鎮台博士，以理化見長，辦公室書櫃中卻陳列著各類書籍，從四書到經濟學理，含括各領域。訪談中，他簡介國科會，卻更強調人文關懷話題。告別之際，他拿出池田先生與湯恩比博士對談集英文版，說：「這本書值得一讀。」在會心的笑聲中，友情之花盛綻開來。

民國八十七年四月底，我召開記者會，宣布國科會即將展開「迎向新千禧——以『人文關懷』爲主軸的跨世紀科技發展方案」，引起相當的回響，打破了人們對國科會只注重理、工、醫、農等科技發展的刻板印象。在談這個方案的具體計畫之前，我先簡要地介紹國科會。國科會的全名是「行政院國家科學委員會」，凡國家科技政策的擬定、資源整合與分配原則的訂定，以及重大科技計畫的審議等，都是國科會的職掌。我們的業務有三項：

一、**規劃推動全國整體的科技發展**：這二十年來，我國在科技上投注了相當的心力，成果斐然，然而仍有不足之處。就拿兩年前的資料來說，我國政府和民間共投入一千四百億台幣於科技研發，與我們差不多規模的荷蘭、瑞典相較，這不過是他們四年前的六成。而科技人口，我國是每萬人中有二十五人（推算起來全國有五萬多人），是美國、日本的六、七成。所以，不論是經費或人力，我們和先進國家仍有著明顯的差距。

科技發展日新月異，這些國家不可能暫時煞車，等我們把錢籌足、人

訓練齊了，再來公平競爭。我們能在世界上占有一席之地的唯一方法，就是把有限的資源整合起來，在重點上求突破。重點如何選擇？首先聽取科技產業的需求，訂出目標。接著就是將上、中、下游的資源結合起來，在一定期間內取得技術上的突破，如此良性的互動使產業界向前跑得更快，國家也會產生更多的資源。

二、支援學術研究：應用科學與產業發展的根在於「基礎研究」，例如數學、物理、化學等，基礎研究一時雖看不出與產業有直接關聯，但所謂萬丈高樓平地起，有扎實的基礎教育，才有未來無限量的發展。否則科技發展到了一定程度，就必須由國外再次轉移新技術，永遠追不上先進國家的腳步。所以，國家應該維持一定水準比例的基礎研究經費。同時，應該將學校中的研究能量適當釋放出來，與產業結合，不要在學校中閒置了。當然，學校的教學、研究與服務功能不可失衡，否則偏廢了教育，就會喪失爲國家培植一流、能夠獨立思考人才的機會，而一流人才正是一國競爭力之所繫。

三、建設科學園區：民國六十九年，我們在新竹規劃設立科學園區。

如今新竹科學工業園區是舉世公認的高科技產業重鎮，也是我國近年來產業升級最重要的一個環節。目前園區有二五〇家廠商，從業人員超過七萬，八十六年的營收總值是四千億台幣，在亞洲金融風暴中，八十七年上半年的營收總值比八十六年成長了二〇%以上。這是海內外學人的知識經驗，加上政府資金及政策結合的輝煌成果。八十五年七月開始，政府積極推動台南科學園區和竹科四期擴建計畫。我們估計以南北兩大科學園區爲核心向外擴展，二十一世紀把台灣建設成科技島的理想，指日可待。

談了這麼多，都是在科技層面。但在我看來，就像科技產業的根在基礎研究上，國家的科技力量也有一個根，那就是人文社會的健全。道理很簡單，科技力量所帶來的技術、創新和經濟成長，目的是創造人的福祉，使社會更健康、更和諧，換句話說，科技只是工具，「人」才是主體。很遺憾的，科技愈進步，人與人之間反而更疏離，逐漸物化，人生的價值觀建立在功利之上，一旦拿掉工具，人就無法感受自己的存在。這麼一來，人與動物有何差別？難道衡量人的價值就只是他所擁有的知識和工具嗎？

從六〇年代開始，台灣進入工商業社會，我們由貧轉富，然而社會種種令人不安的現象告訴我們：經濟成長和科技創新不必然會爲民眾帶來真正的幸福。在經濟與科技發展已有目前成果的今日，我們更應該投注關心的，是「人」在這社會中所扮演的角色，發出人文關懷的聲音，極需倡導「心存尊重（Sense of Respect）」，肯定自己、尊重他人。因爲肯定自己，就會珍惜生命；尊重他人，就會懂得包容，由此延伸自然能與萬物共存共榮。我一向主張，人絕對不等於他所擁有的汽車、房子、電腦等物品和專業知識；人之所以爲人，是因爲他懂得寬容、常懷「尊重之心」。

今年初以來，飛安、工安、治安、家庭和校園事件頻傳。這些問題不是制定法令，或做一些學術研究就可以改變的，這是來自文化層面的問題。如今，倡導「科技創新和經濟成長」的聲浪太大，大到原本應是本體的「人」，反而被淹沒了。所以，在全國都這麼重視科技發展的時候，我認爲國科會更有責任讓大眾聽到另一種聲音——國家的競爭力更在於人的素質，而不僅在於工具的精良。再好的技術、再高的經濟成長，如果人文社會面不健全，所有的發展都會抵銷，「人」才是整個國家發展的主體。就好比一把寶劍交給不懂劍法的人，也使不出好劍法，唯有真正懂得劍道

的人，才能使其發揮價值，如虎添翼。

事實上，國科會除了自然科學處、工程處、生物處外，還包括人文社會科學處和科學教育處。前面三處是大家所熟悉的，現在該是讓其他兩處登上舞台的時刻。因此，我們計畫舉辦一連串的科學教育系列活動。邀請各級學校和民眾共同參與，我們訴求的對象不是少數菁英，而是普羅大眾，藉由科技新知與產品吸引大家注意，再以內涵凸顯「人」、「尊重之心」的重要性。同時，八十七年底，我們將成立「人文學中心」、接著是八十八年的「社會科學中心」，並推動人文社會科學大型整合的計畫。

我們把這一連串的系列活動，取名「迎向新千禧」。這名字是因爲社會已意識到電腦「千禧年」危機，容易引起大眾的注意，使大眾有意願參與或接觸這項系列活動。目前我們擬出四項具體計畫：

一、**跨越社會殘障的鴻溝**：目前全國領有殘障手冊者約有五十萬人，由於涵蓋視、聽、肢、語言不便者，每個人的程度又不盡相同，所需的輔助工具規模和市場受限，只能靠進口。而進口的規格是依國外體型設計，根本不適合國人所使用，加上價格昂貴，不是一般家庭所能負擔。既然民

間有困難，政府就應擔起重任，我們將開發符合本土規格的輔助器及評量工具，例如針對身體不便者設計特殊電腦人機介面，使他們可以上網遨遊世界，從事資訊工作，以及電動輪椅數位式控制器、人工電子耳等發展。在我眼中，人沒有正常和殘障之分，如何發掘每一個人的特質，給予平等的機會使其發揮潛力，這才是生活在同一個社會的人們所應關心、共同努力的課題。

二、**尊重自然的行動**：在竹科和南科建置無障礙空間示範區，讓身心不便者可以在其中正常的就業和生活。並全面推行電動機車，取代現有三萬輛機車，降低環境污染。

三、**太空探奇**；以系列影片和活動，闡釋人類探究新知、求真和冒險精神的可貴，從中省思人生價值與宇宙共生的理想。

四、**建立數位博物館**：進入資訊化時代，網路上各式各樣的素材，常讓社會有識之士憂心。我們將與學術界、科學博物館等單位合作，建立網路博物館，提供三度空間、虛擬實境效果的文物觀賞畫面和創作分析，提供更多更好的資訊讓上網的孩子們與社會朋友得以選擇。

如果「迎向新千禧」列車開得成功，往後我希望能由民間來接手，因爲民間團體活力十足，彈性空間大，交給他們勢必能更有系統、長期且持續的推動。目前一切還只是開始。重要的是，在嘈雜的名利聲中，也能夠讓大家聽到「心存尊重」的聲音。

或許有人會對一個國科會主委有這種想法感到迷惑，或許即使不迷惑也會感到工作困難無從著手，我的信念是「只要不觀望，一切就會動起來」，有行動就會有轉變。譬如說，在逢甲大學服務的兩年半中，我們開辦「領導知能」學程，希望能建立同學的信心，使同學能尊重自己、包容別人，這個想法聽起來也非常抽象，似乎無從著手。這堂課沒有學分，也不打分數，一班只收二十個學生，共開了十班，卻有一千二百多名學生報名。沒錄取的一千個學生就常常跑到校長室找我開班，在師資不足的情況下，我也開了八個單元班。單元班的上課內容主要就是傾聽，每當有同學提出煩惱或問題，所有的人都靜心傾聽，而後大家分享自己的經驗和成功案例，並說出他們的觀點和解決方式。往往提出問題的人會從中得到啓示，覺得自己錯了，應該改正，或者領悟到原來大家想的都差不多，從而

有了自信，逐漸找出適合自己的思惟模式。看到學生們的改變，從肯定自己到聆聽不同的意見，我有著說不出的感動，也更堅定自己的信念了。

每當有人問我：「國科會主委爲什麼要做這種事？」我總會回想起在逢甲大學那段期間，我與年輕學生們一起生活，推動新學程，看到他們的轉變，和他們分享成長的喜悅。那種感動是語言無法形容的；人彼此間的關係，那種溫暖就已足夠。所以，我雖然可以講國家競爭力與人的素質息息相關的理由，但在情感上，我倒寧可回答：「因爲我想做。」做自己想要做的事，再辛苦都會覺得自在、有幹勁呀！

曾經有位老師邀我向他的學生談生涯規劃。一上台，我說：「我幾乎不規劃未來。」老師驚訝地說不出話來。因爲我相信，當人必須在生涯上做抉擇時，自然會衡量自己的興趣、能力和未來發展，做最適合自己的判斷。而在人生三叉路口來臨前，唯一該思考的，就是如何安排和做好手邊該做的工作。

人生充滿變數，唯一能掌握的就是「當前的自己」。在問別人爲我做了多少之前，先問自己爲自己做了什麼？在規劃未來之前，先盡心盡力做好手邊該做的事。所以，不要讓自己的生命在自己的指縫間流逝，就是我給青年們的建議。

張佩玉

愛是恆久忍耐

車駛上高速公路，愈往南走，陽光愈益熾熱，抵達高雄的那一刻，心急切了起來。樹德女子中學、樹德科技學院創辦人張佩玉女士，早已在校門口期待與我們相會。

曾當選十大傑出高雄市民、年近八旬的張女士，笑容可掬，神情開朗，帶我們參觀校園，如數家珍。師生們見她，帶著尊敬、又像孩子撒嬌般稱「學園長，好」，她頷首微笑答禮，目光流露如母親般的慈愛與嚴格。憶起創校之初，篳路藍縷，聽她娓娓道來，不由得生起尊敬與感動之情。

下課鈴響了，學生們衝出教室，佔據了各角落，笑聲琅琅，青春的活力使得寂靜的校園頓時充滿生氣。退休之後，我還是堅守在這個度過了三十四個寒暑的學校裡，看著學生們如浪潮般湧來、退去，看著多年前植下的樹苗長成茁壯大樹，綠蔭相連。望眼過去一草一木都曾是我們夫婦在艷陽下，淌著汗水留下的珍寶。

經常有人問我：「爲什麼要興學辦校？」很多的答案在腦際閃過，熱愛教育當然是最主要的理由，但仔細推想，喜歡群居生活才是我投身教育的原動力，而這一切都要追溯到我的成長過程。

談到家庭，就有著莫名的榮耀。我出生於河北省南皮縣，高曾祖父是清末兩廣總督張之洞。由於出生官宦世家，再加上五代同堂，我們小時候住在七進庭院，每一進都是四合院，人口多得不得了。所以，我對群居生活相當習慣。當時民風保守，僕傭圍繞，我卻有著叛逆性格，把伯母纏上的裹腳布偷偷拿掉，常常跟在長工們後面打轉，陪著他們擠在地上聊天。看到他們吃的菜色種類少，探得他們喜歡吃的菜餚，就想法子偷偷輸送。所以他們說：「小小姐真有平民思想。」

上學之後接觸的人多了，加上父親職務調動關係，我曾住過瀋陽、天津、北京、太原、西安、漢中、成都和重慶等地，生活多采多姿。初中畢業時，七七事變爆發，學校所在地的北京首當其衝，為了逃難，我們成了流亡學生。還記得當時情況緊急，老師規定我們一人只能帶一個裝衣物的小包袱，和一個裝書的小提箱，趁著夜深人靜，師生一起逃難。一路上躲躲藏藏，看到燈光就趕緊臥倒，把手上的箱子和肩上的包袱往前丟，人再匍匐爬過去拿行李。說來真妙，天色黑得伸手不見五指，取行李時居然沒有一個人弄錯。沿途看到日軍行進，一有動靜就舉鎗掃射，真是殘忍。老師們帶著我們走山路，怕被日軍碰著，只敢摸黑前進，走了不知幾個月，終於來到陝西，再越過秦嶺，抵達城固方才停了下來。

為了不中斷學業，我們把古樓霸的天主教堂當成教室，讀了一年多的書。之後又搬到樂城，由於沒有合適的校地，老師們在樹蔭下認真授課，教材也是老師們親筆一頁頁書寫，穿線成了一本書，讓學生們輪流閱讀。儘管沒有黑板，也沒有遮風擋雨的教室，同學們上課必須坐在地上，卻沒人有怨言，非常專心，懂得用功。不僅如此，青年們胸懷大志，洗雪國仇家恨是共同的目標，課餘時間我們還自編自導自演抗日話劇，到各鄉鎮演出，激勵同胞們同仇敵愾趕出侵略者日本軍閥。白天學習、晚上在擠得不能翻身的大通舖上暢談國事，流亡的青年們結下已勝過親生兄弟姐妹的友情，一輩子難忘。

戰爭太殘酷了，顛沛動盪的時代中，骨肉分離，家破人亡，在浩劫中有人倖存下來，卻有更多的無辜百姓在恐懼和痛苦中死去，令人心痛，實在不應該再有戰爭這類殘忍的事發生了！與他人相比，我算是幸運，中學畢業時不但和家人取得聯繫，也得到了保送國立交通大學工學院的機會，然而命運弄人，日本敵機頻頻轟炸，加上父親執意女孩不宜學工，又嫌交大離家太遠，要我到成都報考金陵女子文理學院地理系，兩年之後，家裡無力負擔巨額的私校學費，旋即轉到四川大學讀書。也就是在這兒，結識了外子。

大學一畢業，我迫不及待地乘船穿越長江三峽，來到上海與家人團聚。不久後抗戰勝利，歡欣氣息沖淡戰亂的悲苦。三十五年時，傳來台灣徵求教師的消息，其條件是須懂日語、會說標準國語，具教中國史地、三

民主義能力者。抗戰期間，我學了點日語，雖稱不上流利，會話倒還可以，我在北京長大，說標準國語理所當然，而在大學我專攻地理，歷史和三民主義也難不倒我。衡量之下，興沖沖地報了名，也很幸運地在數百人激烈競爭中，我被錄取了。

在大學時代曾聽聞台灣的種種，心裡很嚮往，沒想到真的能到寶島，喜出望外，知道自己即將服務的地方叫高雄，竟有著急切的渴望。原以爲會從上海直達高雄港，哪知船在基隆港下錨，我們換乘慢車顛顛簸簸十一個小時，方才抵達南台灣的高雄。

記得到高雄女中報到那天，既興奮又開心，走進教室看到一張張純真向學的臉龐，就下定決心要竭盡所能培育英才。對我而言，每一個孩子都具有無窮的潛能，可塑性大，給予關懷與信賴，便能無限的成長。在雄女十一年半，師生情感融洽，甚至學生家長也把老師當成家裡的一份子，逢年過節總會爭相邀約，讓我們這群異鄉遊子備感溫馨。尤其戰後經濟蕭條，大家都窮，發薪水的時間沒有一定，常常以豆腐乳、花生米過一餐，八個老師圍著桌子分享一塊豆腐並不爲奇。日子雖苦，但人情味濃，精神

層面十分飽足。

後來，我調到高雄中學，與外子一起執教，之後又到鳳山中學擔任教務主任。民國五十三年，高雄市實施省辦高中、縣市辦初中，所以雄中部份非本科系畢業教師必須轉任初中。於是，他們邀約有志者合力來興學，不過辦學需要財力、土地和人力，談何容易？

儘管眼前的路佈滿荊棘，但只要願意踏出步伐，總會走到目的地的。我們找來了親朋好友商量，他們來自士農工商各行各業，相當贊成我們的理念，所以有人捐出土地，我們幾個教師也把從大陸隨身帶來的銀元、黃金、玉器和美鈔等家當拿出來典當，換得了十三萬五千元，但教育部規定的建校基金是三十萬元，不足的款項就全靠抵押土地了。那年九月，樹德女子中學正式開辦，共有二七五位新生，五個班級。

取名「樹德」，是「樹立女性美德」之意。承蒙大家的盛情，推選我當校長，但創校維艱，從打掃校園到校務管理一手包辦，名副其實的「校長兼校工」。不料隔年十月發生了危機。學校斜對面開設一家東南化工廠，專門生產硫酸，製造過程中二氧化硫外溢，順風吹進教室，師生都中

毒，嚴重者送醫急救，被迫停課，我一張口，氣體流入，感到脖子奇癢無比，一抓竟破了皮，血跡斑斑，幸好有位地理老師立即帶著師生到上風處趴在地面上，事件才不致擴大。不過事關師生的生命安危，必須徹底解決問題。我不但向教育當局申訴，也與總務組長到該工廠要求立刻停工，在主管機關不置可否、工廠只想和解的情況下，我決定親自到省政府尋求協助。經過多方交涉，據理力爭，建設廳勘察，裁定化工廠必須遷移，終於解除了危機。

此後，學生日益增加，校舍也隨之擴建。五十七年時，政府全面實施九年國教，我們停辦初中，又因是女校，限制必須以家事、商業類科取代。現實卻困難重重，當時家政不受重視，加上高雄已有三所商校，樹德屈居弱勢，招生情況嚴重不足，全校不到十班，令人擔心。幸好天無絕人之路，高雄加工區興起，需要大量員工，於是樹德申請夜補校，並與部份工廠建教合作，青年白天工作，晚上到補校上課，加上獎助學金的設置，補校學生成倍數增加。學校終於化險爲夷。而且，教育廳、局每一年都會主辦全國性家事技能競賽，那年恰好輪到樹德承辦，我們從場地規劃、安

全設施到接待一百多位各校選手及指導老師的食宿，無不費盡巧思，贏得了各界的肯定，也自此奠定樹德家商的美譽，青年學子無不以身爲樹德人爲榮。現今樹德除家商外，有綜合高中、推廣中心和夜間補校，也與韓、日、德、美、加等十二所學校締結姐妹校，而且在餐飲、美容的國際競賽中，本校學生勇奪金牌、銅牌者不在少數。看到一株株幼苗茁壯成長，令人既欣慰又開心。

我經常說：「樹德一家親」，因爲學校就像一個家，「樹德人」無論離開學校多久，還是心繫這個家。七十五年四月，補校畢業校友提供了位於燕巢鄉的十八公頃獨立山丘做爲校地，去年八月「樹德技術學院」開學，提供職校畢業生更多升學的機會，讓教育這條路永無止盡地延展下去。

回顧過往的點點滴滴，不論艱難或歡喜，都已成爲豐富我人生最寶貴的財產。長江後浪推前浪，我早已退休，將棒子交給後繼英才，但對於曾經努力過的一切，滿懷感激和喜悅。嚴格說來，我雖是創辦人，但除了教書外，財務、校務等一概不懂，全賴教職員們克盡職責，也因爲有他們的付出，我才能全心全意照顧學生、關心教職員的家庭生活。

我是虔誠的基督教徒，信仰所教導的「愛」是我行動的源泉。聖經有節話語我謹記在心：「愛是恆久忍耐、又有恩慈。愛是不嫉妒，愛是不自誇、不張狂、不作害羞的事。不求自己的益處，不輕易發怒，不計算人的惡。不喜歡不義，只喜歡真理。凡事包容，凡事相信，凡事盼望，凡事忍耐。」所以遇到爭執，不管是不是自己的錯，我一定先說：「對不起！」因爲一時說出氣憤的話，心裡必然會留有餘怨，甚至事後懊悔，日後看到對方心裡就會感到緊張和不安。爲了讓自己每一刻都活得心安理得，先取得諒解，讓對方冷靜，再心平氣和討論事情，這樣才能真正解決問題。否則爭贏了，卻失去友誼，樹立敵人，得不償失呀！

最後，我要說如果自己有些許成長，都要歸功於外子朱長沂。我倆攜手結緣數十載，夫唱婦隨，共同創辦樹德，因爲他的協助與指導，讓我有信心、有毅力，從早到晚不停的磨鍊，錯了就改，改完了再前進，今日方能有所成就。今年暑假，我們夫婦探訪技術學院宿舍大樓，發現才建設一年的大樓已蒙上污垢，向校方反應，卻得來「不容易打掃乾淨」的答案。

趁著周末，我倆邀了兩位學校員工，從最頂樓往下清掃，連廁所也不放過。說老實話，年近八十體力實在不夠，但爲了給學生整潔的環境，拚了命也要做。蹲累了換站的，彎腰久了再挺直背，從上午直到深夜，整棟大樓煥然一新。

隔天，校方管理人員看了嚇一大跳，直呼：「了不起！」並面帶歉意對我說：「由清潔工打掃就可以了。」我笑著告訴他：「我們做了一次示範，以後清潔工就照著這標準打掃不是很好嗎?不行動就說不可能，事情永遠不會辦得成呀！」

張鏡湖

反敗爲勝

取得美國克拉克大學地理博士學位的張鏡湖先生，在美國大學執教二十年，曾任聯合國文教組織熱帶水文氣候小組召集人，獲頒韓國慶熙大學、日本創價大學及俄羅斯聖彼得堡大學所贈予的名譽博士榮銜。今年十月，他當選國際歐亞科學院院士，是台灣擁有此項榮譽的第一人。

民國七十三年，文大發生財務危機，負債近十八億。身為創辦人哲嗣的張鏡湖毅然返國，挑起重任，僅僅六年轉虧為盈，被譽為「教育界的艾科卡」。文中，他談及改革艱辛歷程及種種措施，令人動容。

從十二層樓高的辦公室裡，往下俯瞰，蒼翠一片的群山與湛藍晴空交相輝映，文大校舍矗立在山巒環抱中，陽明山勝景盡收眼底。時光荏苒，文大創校迄今已經三十六年了。

「質樸堅毅」是文大的校訓，也是創辦人性格的寫照，影響我一生至深。張氏世代書香，祖父兆林公在鄉里辦組織、興水利，先父張其昀先生在潛移默化中，一心向學。民國四年，以第一名考進寧波府中（後改爲浙江省立第四中學），連同以後八個學期，共得九個第一。民國八年，中學畢業後，適逢五四運動，先父以寧波學生會代表出席上海全國學生聯合會，十分活躍。同年，先父考取南京高等師範學校（現國立中央大學）。不過，當時發生了一段插曲。

入學考時，先父的表現相當優異，自信滿滿，不料放榜的榜單上卻找不到他的名字。追究原因，原來是他的身材削瘦，沒通過體格檢查，被淘汰了。幸好他的筆試和口試成績甚佳，留給老師印象深刻，史學教授柳詒徵先生特地在會議中提出覆議，據理力爭，終獲錄取，還名列榜首呢！這件事是先父大學畢業後多年，返回母校任教方才得知，因而對柳老師賞識

培植之恩銘記在心，終生感念不忘。

其實，我們的家境不算好，先父考取公費就學，二叔父因家裡籌不出錢來而放棄念大學的機會，先父大學畢業後即到商務書局擔任編輯賺錢幫助三叔和四叔讀書。記得幼年時期，我們生活極其簡樸，我讀中學又恰逢對日抗戰，住在學校裡一個月只能吃到一次肉，直到大學畢業前夕，還天天穿著草鞋，回想起那段日子真苦。不過生活雖貧困，精神卻很豐裕，同學們都很用功，埋首苦讀，大家談的是哲學、文史，關心國事和民生，愈是逆境愈能激發向上心。

民國十六年，先父應中央大學之聘，返回母校任教達十年之久，期間數度長途跋涉，考察中國大陸地理，並撰成論文，受地質學家丁文江先生器重，胡適博士還稱他是「受過近代訓練的地理學者」。二十四年六月，國立中央研究院成立第一屆評議會，由全國國立大學校長選舉評議員，先父時年三十五，是當時選出的評議員（相當於現今的中研院院士）中最年輕的一位，足見他的學術聲望崇高。

先父學問淵博，品格高尚，備受各界尊重。多次受邀擔任公職，先父均以「要立大志，不做大官」委婉謝絕。民國三十八年共軍席捲華北，國府政權岌岌可危。當時蔣委員長下野退居奉化，有天經國先生來到杭州家中，把先父請了去。蔣委員長和先父商議國事，那時以張群爲首的許多人士主張將首都遷到四川，蔣委員長問先父：「你的看法如何？」先父以戰略優勢爲由，指出台灣海峽是良好屏障，提議轉進台灣整治圖強，尚保有防守反攻能力，台澎金馬一旦淪陷，國家不保。他力排眾議，強調台灣是保衛國土的關鍵所在。

先父於杭州淪陷前夕徵求母親的意見。母親安土重遷，不忍離開故鄉；這麼一來，我的想法足以決定離開或留下。由於在校園裡聽到、也看到共產黨的許多惡行，深知讀書人一旦落入他們手中，勢必會遭受莫大折磨，於是我對先父的提議投下「贊成票」。其後，故宮文物、軍隊及人民陸續移往台灣。可以說，我投的那一票是國家也是個人的轉捩點。五十年了，這段往事仍深刻於心，難以忘懷。

民國四十三年，先父接任教育部長一職，任內建樹頗多。不過，先父自小受父師影響，以畢生奉獻教育爲職志，興學是他最大的心願，但辦校

的龐大經費豈是一人能力所能負擔？爲了實現理想，他四處奔走，得到海外僑胞和國內識者的支持，籌得了五百萬元的創校基金。其後找到一片荒蕪、人跡罕至的陽明山山仔后的橘子林作爲校址，當初沒有地名，於是先父取「美哉中華，鳳鳴高岡」之意，命名「華岡」。

五十一年九月，以「承東西之道統，集中外之精華」爲辦學宗旨的中國文化學院創校，開辦了國樂、國術、舞蹈等科系，保存和發揚中國固有傳統，同時有鑑於理論不是象牙塔，理應配合社會實際需求，設立市政、勞工、景觀、紡織等學系。此外，爲培養國家走上國際化所需的人才，開辦了日、韓、俄、德、法語文科系。這些課程均屬台灣各大學之首創。六十九年六月，中國文化學院升格爲中國文化大學，涵括文、理、法、商、農、工、外語、新聞、環境設計和藝術等學院，博士、碩士班研究所數十餘所，加上推廣教育中心，成爲全國最完整的綜合大學，學系之多超過台大。

先父一生貫徹信念，時刻不忘吸收新知，一得空就看書、寫作，著作頗多。一年三百六十五天，天天都到學校處理校務或從事寫作，春節也沒聞著，向老師們拜年，和沒法回家過年的學生談話，待人謙和，行必誠義，爲我立下典範。或許是投考大學那次經驗，先父十分注重保健，飯後一定散步一小時，晚年精神矍鑠。同時，他要我多打球、多運動。

後來我到美國繼續深造，也在那兒謀得教職，從來沒有想到要接管父業，插手文大的經營管理。不料七十四年時，先父病重，無法全力管理校務。故總統經國先生特派蔣彥士先生轉告我，文大經營不善，負債高達十七億八千萬元，曾多次發不出教職員薪水，文大師生眾多，萬一關閉影響重大，希望我回國整頓。經國先生還給了我三項原則性的指示：

一、債務不可繼續升高。由於每年利息高達兩億，債務負擔沈重。

二、要提高學術水準。

三、要建立制度，依法治校，遵守私立大學教育法規。

七十五年三月，我回國了。儘管明知肩上擔子沈重，但橫在眼前的是無比的重荷——債台高築、教職員惶惶不安、教授水準參差不齊、學術水準低落，文大甚至被譏爲「學店」。「如何才能扭轉局面呢？」我苦思許久。既然情況已經不能再壞，抱著破斧沈舟的決心奮力一搏，總會開出一

條路來的！

首先要解決的，就是減輕債務。校內雖設有實習銀行，可利用存款作爲周轉金。但七十六年五月銀行存款不足以支付薪水，蔣彥士先生爲學校向世華銀行借了一億元。不料該年五月爆發十信案，財政部否定了這項貸款，幸賴當時李副總統登輝先生向彰化銀行籌措八千萬元，方才解了燃眉之急。不過，根本解決之道還是要針對校務迅速採取改革措施。

一、精簡工作人員。原有六位副校長，只留下一人；凍結人事，對不需要的工作人員經公平考核後，予以遣散。並且建立完整制度摒除私心，鼓舞士氣，保障勤勉向上的同仁之工作權，使他們凝聚向心力，自動自發，發揮最大實力。

二、裁撤或整頓經營不佳的相關機構，例如更換兒童班及出版部負責人，餐廳改爲外包，不但減輕負擔，還可收取租金，結果隔年就有了盈餘。

三、請年齡超過八十歲的教授退休，並辭謝兼課作秀的立委和議員等教師。

四、合併系所，有助節省資源和提高效率。同時，裁撤師資不佳、學術水準低的研究所，當時一口氣停辦了六個研究所，並取消共同科目系，請走不適任的教師。

五、設法提高學生報到率，從百分之七十五增至百分之九十二。

改革的路極其艱辛，需要堅定的信念、大刀闊斧的勇氣、承受巨大壓力與責難的毅力。推行這幾項措施，遭遇的困難重重。但要提高師資和學術水準，回復校譽，使創辦人真正的理想得以實現，不得不明快，寧可得罪人，也要忍耐負重徹底完成。

這波行動完成後，財務即出現顯著效益，第一年就有四千七百萬的結餘。儘管和負債相比，這個數字微不足道，但已是起步。第二年持續嚴格控制，開源節流，結餘調升爲一億五千萬，其後每年結餘超過二億元。而且，文大的會計帳目公開，在眾人的監督下不易產生弊端。

談到這兒，我要強調我們撙節支出，但年年爲教職人員加薪，給予認真努力的人員精神與實質的肯定，留住好的人才。

去蕪存菁之後，接下來就是親自一一邀請學有專精、年紀輕的一流人

才，出任文大的行政人員和教師，並請這些優秀的教師負責建教合作計畫。這麼一來，學校的學術水準提升，老師盡其所能授業解惑，學生得有良師向學，三者都有好處，對財務亦多所助益，目前建教合作的年收入約一億元。

此外，我們還設立教師評鑑制度，問卷調查學生對教師授課的反應，切實了解授課品質，當掌握教授不適任的確實證據，就予以解聘。就在凡事講求合法、合理和公平、建立制度、充份授權的情況下，經過六年，文大償清債務。近年又建造和平東路的夜間部新大樓、校本部的大恩館和曉峰紀念圖書館，又在忠孝東路購買一幢推廣教育大樓。而且師資水準提升，學生學習風氣認真，姐妹校達四十六所，遍及歐美亞非十一國，畢業校友活躍於全球各角落。成果斐然，總算不愧經國先生與創辦人所託。

至於未來發展，文大正推動三個具體方針：

一、完成體育館、藝術館和農學院館等建築物，擴充完整設備。

二、提高師資水準，爲敦勵教師在學術領域中不斷成長，從今年開始，教師必須發表論文一篇，若兩年提不出論文者，可能辭退。

三、發展學程教育。現代科系分得過細，只能培育一個領域的專業人才，但現實社會需要的是通才，例如氣象儀器設計人員不應只懂氣象學理，對於儀器的操作、維護與應用等相關學理也要深入理解；又如藝術工作者除專業素養外，亦需學習燈光、舞台佈置、管理等等課程，充實新知涉獵廣泛，才是完整的教育體系。因此，我們正向教育部申請，希望日後全面推展學程教育，使學生能有全方位的學習空間，真正學有專長，到社會上才能學以致用，作出更實質的貢獻。

算一算日子，投身教育四十多年了，走過坦途，也曾置身陡峭壁崖、跌落深谷，但憑著堅定信念，戰戰兢兢一一超越。回顧文大創建之初，華路藍縷，如第一屆俄語系只招收到七個學生，在反共抗俄時期中，不被看好。但我們堅持下來，如今各大使館、經貿辦事處，不時可見「文化人」的蹤影。一九九七年十一月，前教育部長吳京先生率七個大學校長訪東歐時，沒有邦交之國如德國、俄羅斯、烏克蘭等，無法獲得簽證入境進行教育交流，所幸文大締結之姐妹校如海德堡大學、俄羅斯科技大學等，以及到當地留學的文大交換學生鼎力協助之下，如期完成交流考察使命。此行

因而獲得吳前部長與各大學校長先生的高度肯定，推崇創辦人的高瞻遠見。

下課鐘響了，青年學子在校園裡穿梭，盡情歡笑。此刻不禁想起被譽爲二十世紀最偉大的哲學家羅素的一句名言：「簡單而又無比強烈的三種激情主宰了我的一生：愛的渴望、知識的追求，以及對人類苦難的極度同情。」多麼期待青年們能對朋友、同胞湧現慈愛，刻不歇止地汲取新知，向陷於不幸人們伸出溫暖的援手。

鄭丁旺

寬大仁愛，虛懷若谷

政治大學鄭丁旺校長是國內學術界裡備受尊重的人物。他不僅專業素養豐厚，而且事親至孝、為人謙和與樂善好施，是為人師表的最佳典範。

鄭校長幼時家境清寒，卻擁有父母的全部關愛，為報答反哺之恩，他立志向學，從小學到研究所，年年拿第一；取得美國密蘇里大學會計學院博士後，返國任教，屢屢創下政大創校以來最年輕的行政主管，包括會計學系主任、商學院院長、教務長、校長榮銜。

文中，他談到了母親、老師對他的影響、教育理念與人生信念，感人至深。

前陣子社會上發生了幾則子弒雙親、父弒子慘絕人寰的案件，駭人聽聞。當輿論喧騰之際，我想起了母親，一個平凡而偉大的母親。

這一生中影響我最深的，是父母親，由於母親終未生育，三十一歲時領養了尚在襁褓中的我，自此把我視爲親生骨肉，疼愛有加。等我稍稍懂事，就告訴我實情，帶著我去見離家十五里外、同是窮人家的生母。從我五、六歲開始，兩家即保持良好的往來。母親這份寬厚的心胸讓我得以獨享兩份的慈恩，並能有機會對兩位母親反哺送終，對我而言何其有幸！

雙親與我雖無血緣之親，卻愛我至深無人能比。祖父母原有分薄產，不幸早逝，留下懵懂無知的三兄弟，家道自此中落。記憶中，不管酷暑豔陽或寒冬低溫，一年三百六十五天父母親總是到田裡工作。我上小學之後，父親因積勞成疾，所有的重擔落在母親肩上，儘管風吹雨淋她毫無怨言。

看著父母辛勤的模樣，我好希望能分擔一點責任，要求下田幫忙，他們卻搖搖頭說：「我們吃盡了不識字的苦，深深明白唯有念書才能擺脫困苦的日子。所以你只要努力用功讀書，其他的就讓我們來擔心吧！」每天

放學後，父母親一定會點煤油燈陪我讀書。他們濃濃的慈愛與期望，加上我急切渴望報答心意，成爲一種鞭策、一股積極向上的原動力，驅使我發憤圖強，不敢有絲毫的鬆懈，從小到大的課業成績，年年都拿第一名，因爲唯有名列前茅會使辛勞的雙親得到安慰，稍稍撫平臉龐日益加深的皺紋。

民國四十三年小學畢業，我考取省立新營中學初中部。班上只有我一人考取，另一位同學備取。九月，父親陪我去註冊，從青山走山路到東山，再搭糖廠小火車到新營。記得那天烈陽熾熱，來回三十公里的山路顯得漫長，怎麼也沒料到，那是父親最後一次陪我走過成長路，回家之後父親一病不起，兩個月後離我們而去。父親的死，我耿耿於懷，迄今未曾一日忘卻此事。

父親一走，留下我們母子相依爲命，原本就窮困的生活更加艱辛了。初一時，寄住在堂哥家，天未亮就得起床，騎三公里的腳踏車去趕火車，稍一睡遲錯過班次，只好騎著腳踏車飛奔到校，中午也沒便當，就吃一小片山東大餅充飢。每個周末我一定回家，當看到家門深鎖，就知道母親還在山上工作。母親平日除了耕種祖先留下的田地、在山上種樹薯、地瓜和竹子外，還要幫人做工，供我念書和還債；只有假日，尤其寒暑假，我才能幫上一點忙。每當談起那段和母親跪在泥沼裡插秧、除草、犁田，擔著剛採收的樹薯和竹筍走好幾公里的碎石路下山，汗水淋漓的日子，總忍不住紅了雙眼。不過再仔細想想，那段與母親共苦的歲月，已銘刻心中，成為我這生中最甜美的記憶。

其後到美國攻讀博士，也找到一份教書的工作，生活無虞，唯一的牽掛就是母親。六年不見了，不知母親過得可好？午夜夢迴想到的總是母親身影，想來她一定也是這樣掛心著我吧！這時接到恩師高造都所長來電催我回國，政大李元簇校長也親筆寫信相邀，於是整裝返國，並把母親接到台北，總算一家團圓。

不過當時正值暑假，雖然八月一日正式上班，卻等到十一月初才拿到薪水，身邊的錢不夠租房子，連床都買不起，夜裡一家五口全部睡在地板上。有天高所長來家中聊天，看到這樣的窘境相當驚訝。隔天他便拿了五千元請一位同事去幫我買了一張床，當時一個月的薪水不過兩萬元。二十

多年了，那張床歷經多次搬家、也淹了三次水，早已破舊沒彈性，但我捨不得丟，因爲它象徵著恩師深情，永誌難忘。

懷著報恩感謝的心情，我兢兢業業，努力充實自己，一路走來算是平順，母親深以我爲榮，精神顯得愉悅。接獲政大校長聘書那天，帶著母親參觀校園，走進校長辦公室，母親笑容可掬。拉開辦公桌後的座椅，我請母親坐下，她靦腆推辭，我說：「您如果不坐，我就不坐。」看著母親在坐位上欣慰的神情，我心滿意足。

我常常把這一段的成長歷程告訴子女和學生們，希望藉此鼓勵他們懂得珍惜所有，卻往往引來懷疑的眼光，說：「哎！天方夜譚，時代不同了。」的確，這二十多年來台灣已經擺脫貧窮，經濟成就甚至位居亞洲四小龍之冠；不過那是大家胼手胝足、辛勤刻苦奮鬥出來的成果，天下沒有白吃的午餐，想不勞而獲，將來付出的代價更大；年輕的時候努力不一定會成功，可是不努力是絕對不會成功的！

我們那一代物質匱乏，精神卻很豐裕，因爲困苦，凡事沒有依靠，鍛鍊出獨立的性格，自動自發，看到父母親爲子女無怨無悔的付出，就會勉

勵自己：「一定要努力用功，不能辜負他們的苦心。」懂得反哺、回報、手足之間相親相愛、惜福惜物。愈是艱苦出身的人，愈不怕挫折，爲爭一口氣，讓父母引以爲榮，一心奮力往上爬，發展沒有極限。反之，銜著銀湯匙出世的人身處溫室，雖受高等教育，卻因沒接受過磨鍊，激發不出潛能，施展不出力量來，只是平庸度過一生。所以，每當回想自己的一生，過去五十年中發生的點點滴滴就成了我人生的至寶，其珍貴價值遠遠勝過現有的成就。

近二十年來，大家都富裕了，加上現代父母生的孩子少，把孩子放在掌心上極盡呵護之所能，想要給予孩子最充裕的物質享受。而爲了賺更多的錢，鎭日汲汲營營，停不下忙碌的腳步，因而忽略了孩子最簡單、也是最重要的需求——陪伴與關懷。孩子在成長過程中，看到的是父母費盡心機爭名奪利的模樣，根本無法感受父母踏踏實實、爲家縮衣節食用心付出的愛意。很自然的，孩子對人少了一分尊重和慈悲的心，養成以自我爲中心的性格，只要不順從自己想法的，就堅決反抗，毫不讓步，如果有一絲利益受損，拚死抗爭，永遠欲求不滿，到最後就算擁有財富和名聲，還

是不會快樂的。

依我的想法，教育的定義就是「培養一個人使其有健全的人格」。可以說，人格養成是教育的根本；現代青年應認知：專業知識只是技能，專精經濟、法律、語文等領域會讓人找到一份工作，賺取金錢，卻不能讓人獲得快樂、擁有幸福。唯有懂得設身處地、願意付出關愛、尊重他人才是大學教育所追求的理想——全人教育。

所謂「全人教育」，就是除了專業知識的鑽研外，還需探求真理，爲美好人生奠定基礎，接觸音樂、藝術、宗教和哲學以陶冶性情，培養高尚情操與喜捨、憐憫之心。近年來，大學生因感情、課業、人際關係等因素，自殺和校園暴力事件頻傳，讓我們深刻領悟到，大學不該只是培養金字塔頂端的菁英，更應該提供人文修養課程，使青年們心胸寬闊，樂於助人，體會勞動的價值和意義。所以政大正努力推行通識教育，不管是文、理、法、商、社會科學各學系，都要修人文、宗教、哲學、勞動服務等學分，並鼓勵學生們參與博愛、山地服務等慈善社團活動，努力爲建設安和樂利的社會培育健全的人才。

通識教育推行以來，成效相當不錯，我印象最深刻的就是有些學生，凡事漠不關心，上課時冷眼旁觀地看著教授賣力講課，同學之間十分陌生，會進教室只是爲了不被退學，我行我素。這是教育的死角，這種學生外表正常，外界觸及不到他的內心，早晚會出問題的。幸好透過參加愛愛社，到孤兒院輔導孤兒們的功課，陪他們一起遊戲，開始懂得和別人互動，關懷不幸的人，從而體認到自己能念大學是何其幸運。現在他們非常活潑、開朗，和之前的模樣截然不同。看到學生的轉變、有種說不出的歡喜感，所以，我很喜歡接近學生，特別開闢了「與校長有約」時間，每星期一下午全校的師生都可以到辦公室喝杯咖啡、聊聊天，不管是課業問題，或認爲制度不公平，想發洩委曲不滿，一律來者不拒。

總之，因爲歷經過艱苦，所以我很珍惜現今擁有的一切，不管是順境或逆境。當一帆風順，我會感激周遭給予的協助；遭遇挫折時，就認爲這是上天讓我成長的考驗。在我眼中，任何人事物都有其存在不凡的價值，就好比在路邊乞食的人，我們覺得他好可憐，但再深一層思考：對方藉由自身的不幸，激發我們的憐憫慈悲心，可說是一種獻身的行動，也很了不

起呢！

最後，我給現代青年的建議就是「多讀書、多奉獻」。中國人有句話很有意思：一命二運三風水四積陰德五讀書。也就是說，人自有宿命，但讀書是改變一生命運的機會。常有人問我：「鄭校長，您這麼忙，怎麼還騰得出空來寫書、看書？」事實上，時間是自己安排的，晚上七點到十一點就是我的讀書時間，把電視關掉，一天三、四個小時不只可以寫作，還可以看很多的書。習慣一旦養成，讀書成爲日常生活的一部份，根本不用找時間才能讀書。其次，工作是人生很重要的一部份，從工作的實踐中能夠創造自己的人生價值。因爲工作不是賺錢的手段，而是一種爲社會、爲人類更美好的未來貢獻一己之力的途徑，從這個層面審視自己的職責時，就會樂在工作、盡心盡力；進而爲提升工作品質，會努力充實自我。這麼一來，學習、貢獻；貢獻、學習，形成一股良性循環，人生會活得多麼有意義、多麼有光采！

簡又新

奇妙人生路

在課堂上，簡又新是受學生歡迎的教授；投身政壇，也受到選民熱情支持。在民眾對環保尚無共識之際，他毅然接下環保署第一任署長重任，積極推動環保工作。

交通部長任內，正值促使台灣再創第二高峰的六年國建全面展開，其中交通部主管之工程建設預算龐大，責任重大。

派駐英國四年多，前首相卡拉漢如此讚美他：「您在倫敦所做一切價值不凡，台灣已為我國人所熟知。」

現任國家安全會議諮詢委員的簡又新先生，務實誠懇、平易近人，對往昔所為，心胸坦盪，提及英國見聞時，滔滔不絕，讓我們獲益匪淺。

要我談談自己的經歷?回想起來還頗爲有趣。

民國六十二年，取得美國紐約大學航空太空工程學博士時，在美國已有很好的工作機會，但是因爲國家剛逢退出聯合國之鉅變，國內民心惶惶，當國人多有移民國外之際，認爲自己應該回國貢獻。於是，我整裝返國。

對性格單純的我來說，教書是一個很愉快的工作，培育英才，教學相長，一轉眼就在淡江大學教了十年的書。其後因舉薦徵召，我投身了立委選舉。老實說，對政治，我毫無經驗，有的只是熱忱和想奉獻的心。或許是形象清新，我居然是以台北市第一高票當選，那份感動和被信賴的喜悅，至今難以忘懷。

人生的路很奇妙，誰都無法預料下一步會怎麼走。七十六年時，我被任命爲環保署首任署長。創署期間，恰好籌建五輕及發生李長榮化工等污染事件，激發了國人對環保的重視，開始有抗爭之舉，爲了向抗議者解釋現階段政策與解決之道，我跳上抗議車與民眾溝通，那可說是政務官和民眾面對面協調的開端。

當時，爲了一份計畫案，我常常苦思幾個月，逢人就請教，不斷修改。只是國人普遍缺乏環保的知識，對環保工作也未形成共識，所以我時刻想著：「該怎麼讓所有的人了解環境保護的重要？」再三推量，發現「教育」是最好的方式。因此，我和全體同仁除先後完成了全國性的組織建制、環保人力的充實與配置、環保法令的制（修）定及污染防治（制）計畫的研訂與施行，對於推廣環保教育與宣導工作更是不遺於力。

然而，成人已有先入爲主的觀念，改變生活習慣不容易，不如從小培育孩子們的環保意識做扎根的工作。因爲父母疼愛孩子，如果孩子懂得珍惜自然資源，父母也會跟著孩子一起做環保。因此，我和教育部商量，從學校開始做垃圾分類、獎勵環保績優老師、學生和學校。一時之間，環保成爲當時最受關心及熱心參與的活動之一。而這幾年下來，成效有目共睹，證明了當初推行的「後矚（逆向）教育」策略十分正確。

民國八十年，我調往交通部服務。在那個掌握全國運輸交通命脈的單位裡，事務繁雜，所加諸的責任也異常沈重。例如爲使公營事業活絡生氣，除引進企業精神，鼓勵郵政、電信、陽明海運等單位進行企業識別體

系，重新塑造形象，並推動多項措施，刺激業務成長。尤其六年國建的龐大工程，包括北二高、鐵路地下化、捷運系統、國際機場擴建等多項重要建設，所列出的預算相當驚人。身爲負責人不僅得運籌帷幄，還須時時撙節公帑。

經過多方的評估，我提出了幾項改革方案，其中一項就是「全面公開招標」，讓營造業、工程界及產業界得以公平、公正、公開的競爭，以最合理的價錢建造最高品質的工程。詎料卻發生了「十八標案」。

由於中山高速公路運輸量達到飽和狀態，南下北上車輛均需進入台北市區，造成台北都會交通擁塞，道路運輸負荷沈重，因此，交通部進行全線拓寬工程，其中汐止至五股路段以高架方式處理。換言之，所謂「十八標」即是中山高速公路汐止到五股段高架拓寬工程中一個跨越淡水河上的工程招標案——「淡水河橋段」工程。

全面公開招標決策，爲原有的營造產業界生態投下變數，各方壓力迎面而來，十八標工程更是眾所注目。我是學工程出身，深知道路品質攸關民眾生命安全，所以堅持公平競爭原則。最後十八標由太平洋建設公司以

僅約底價六成的價格得到承造的機會，節省了十七億元經費。而整個高架段工程在我任內完成招標作業的部份，總計建造經費共爲國庫節省一百二十餘億元的鉅額台幣。對公務員而言，這樣的表現應該值得肯定。但是，參與十八標工程的行政人員卻一個個在工程尚在進行階段，即受到錯誤的指控並面對司法審判。

幾經波折，司法判決證明十八標工程中沒有任何不法情事，還給了所有當事者清白。而後工程如期完工，品質優良，太平洋建設甚至以此實績榮獲ＩＳＯ九〇〇二的國際品質認證。

說出這段往事，是藉此表達心聲。這幾年來，我堅信「事實勝過雄辯」不願多作解釋。去年底，我架車上中山高，特別選擇完工通車的汐止—五股高架路段，路面平滑且筆直，十分舒適，事實證明了十八標工程不再是陰影，而是陽光。其過程、結果和所有參與其事的行政人員的清白都是經得起考驗，不應再受到不實的爭議和質疑。

民國八十二年，以中華民國駐英代表的身份，我啓程前往英國履行新職。回想起來，在英國四年半期間，有不爲人知的艱辛，也品嘗到了努力衝刺的喜悅，是一段豐富的人生歷程。

初到英國由於中共刻意打壓，想要開展外交，只能用「艱辛」二字形容。在那兒我儘量參與各種聚會，廣結善緣，希冀在困境中扭轉劣勢。就好比得知當時英國外相奚斯參觀某畫展，我藉此機會安排一場「巧遇」，結識對方，「勤跑」各地參訪、拜會、演講，介紹我國現況，是我主要的工作之一。在英國期間，我的座車共跑了十六萬公里的路，有來邀的，我儘量到，沒有邀請的，我也常不請自來。就靠著這樣的聯繫，我國逐漸爲英國政府所熟知。

同時，我積極邀請該國前首相、外相、財相及百餘位國會議員訪華，我國亦有多名部、次長和上百位立委、國代及地方民意代表往訪，促進雙方的交流。在這四年中，我國在英國增加四十四個新投資案、留學生也由原來的三千人增加至一萬三千多人，而英國人來華人數也大幅成長了百分之五十。此外，國人旅英簽證由原先的簽發「另紙」表格，改善成直接簽證於中華民國護照上，表示承認我國護照的效力與地位。而駐英代表處原不得辦理國人或僑胞護照業務，必須轉寄至我駐奧地利代表處辦理，經溝

通之後已可直接辦理護照及簽證業務，在在顯示了中英關係正常友好，一切的努力沒有白費。

除了工作外，當地的教育制度值得一提。我到英國履職之初，爲兒女找學校時，校方都表示須事先面試。可是，孩子不在身邊，怎麼辦？校方說：「沒關係，您來就好了。」參觀校園時，幾乎每個工作人員都會強調該校的戲劇課程與戲院設施的完備，令我十分好奇。詢問之下，方才得知該國教育相當注重戲劇，讓孩子透過演戲表達內心所想，也藉此體會人生百態。當時，校方問了我很多的問題，彷彿面試的對象是我。臨走前，學校老師對我說：「我們很注重親子間的互動，如果父母不關心孩子，那麼孩子的發展有限，我們寧可不收。」這樣的答覆令我印象深刻。

以親子互動來說，有一次兒子在家做勞作，看他花了很久的時間還沒有完成，十分不忍。湊上前去了解，才知是歷史課的作業。每次上課前，老師總會要求學生事先找資料，然後做出模型，讓學生走進歷史隧道。由於工程浩大，我陪著孩子找資料、做模型，更爲怕露出馬腳，還故意留些破綻。日後在家長會上，這些模型公開展示，當我看到作品一個比一個精

緻，禁不住問老師：「十歲孩子怎麼能做出這麼好的東西？」老師笑著說：「當然！我們透過這些作業，讓家長主動參與，從中拉近親子之間的情感。」我這才恍然大悟，原來每件作品都是親子共同完成的功課啊！

他們的教育生動靈活，很容易融入生活。有次女兒拿著地理作業要我陪她上街做調查，比較X街和Y街的發展現況，並舉出X街繁榮勝過Y街的原因所在。陪著女兒到區公所索取人口分布資料，並沿街調查商店、租售屋和住家數目，做爲分析依據。這一道「親子互動題」，還真是花費了一番工夫才完成呢！

而孩子在耳濡目染下，變得開朗、勇於表達己見。不過孩子的驚人之舉常常令我措手不及。某天朋友來家中拜訪，我們相談甚歡，這時兒子突然跑進客廳對朋友說：「請您捐一點錢給非洲的兒童吧！」朋友聽了之後，哈哈大笑，從口袋裡掏出幾分錢給了兒子。

來者是客，所以令我覺得好窘，朋友是英國人，卻早已習慣這樣的方式，對我解釋：募款是教育的一環。從中培養孩子的世界觀和人類愛，去關心遙遠的國度不相關的陌生人；而開口向人募款，也是培養勇氣和實踐

力。

回到國內，看到「教育改革」運動非常活躍，十分欣喜。因爲一些父母以忙碌爲藉口，用錢來彌補罪惡感，把責任推給學校和社會，實在是錯誤的，英國的親子互動教育是非常值得我們借鏡的。我們往往只有單一的價值判斷：小時候看課業成績，長大之後則以金錢多寡來決定人的成就。這是一種扭曲的價值觀，不值得鼓勵。至於我的人生觀，我做人做事一向坦蕩誠懇、腳踏實地、樂觀而心平氣和，認爲人生的層面很寬廣，不必自我設限、遭遇逆境時，鼓勵自己「人生猶如正弦曲線」，有時高峰也有低谷，很多事是沒有辦法在短時間內獲得解決或看出成果的，需要的是修養和耐心。所以視陷入低谷是邁向高峰的起點，遇到難題時，保持身心穩定，再做正確的判斷。對於過去所有的不公平或委曲遭遇，我都視爲一種磨鍊及鞭策自己繼續前進的力量！

穆閩珠

媽媽回家做晚飯眞好

「教育是我這一生最熱愛的工作。」穆閩珠說。大學畢業後，她選擇了教書，一九七四年赴美深造六年，取得教育碩士、哲學博士學位。一九七八年，她表現優異，榮獲了美國傑出女青年獎。

現任中國文化大學兼任副教授的穆閩珠，除熱中教育工作外，活躍於社會公益與政壇。她為人坦率，言談之間流露細膩體貼，新時代女性的外觀卻保有傳統婦女價值觀，主張家庭是人的依歸，提倡「媽媽回家做晚飯真好」，期盼忙碌而空虛的現代人從家庭生活中獲得親情的真實感！

求學階段是人一生中最純真的歲月，言行毫無掩飾。常常有學生直率地對我說：「到學校上課有什麼用！王永慶沒受過正規教育，還不是功成名就？」言下之意，有上學讀書的人和自我進修的人相差無幾，甚至前者比不上後者。「話是沒錯，不過你怎麼知道如果王永慶接受完整教育之後，成就不會比現在更大？」我會這樣回答他們。

半世紀以來，在台灣長大的成人都有著相同的經驗：一旦進入學校，就開始爲考試而活，升學主義的緊張忙碌，使得填鴨式的讀書成了黃金歲月中的夢魘。我們都是這樣走過來的，直到現在才能深深體會教育不只是上課考試，而是該融合學習成長的過程，才負有正面教化的功能，真正成爲社會國家的根本大計。總歸一句話，現代教育的本質已經被升學主義扭曲了。

一般人的觀念，認爲只有在學校才稱得上受教育，這種想法未免太過偏狹。我認爲，人的一生要接受四種教育——家庭教育、學校教育、社會教育和自我教育，才算完整。家庭是人的第一個學校，影響甚鉅。以我爲例，爸爸是典型的中國男性，重男輕女，由於受成長環境的影響，重男輕

女的觀念在我的心中根深蒂固。每次帶長女溫蒂去朋友家玩時，我往往不經意地說：「如果這是個男的，多好！」剛開始溫蒂回家後會跺腳抗議，幾次之後改採不理不睬態度，噘起小嘴。回想起來，才知道無心的一句話傷害她有多大！

三十六歲時，我再度懷孕，喜孜孜地期盼兒子到來，但不幸流產，十二歲的溫蒂安慰我：「媽媽，女兒不也很好嗎？像妳就是女生，還不是很孝順、很優秀！」她的話裡帶著無奈和些許哀愁，猶如當頭棒喝，讓我既心疼又慚愧，重男輕女的觀念跟著消失，心頭彷彿卸下一塊大石頭般輕鬆。後來小女兒出世，我終能體會如獲至寶的喜悅。溫蒂的成長給了我啓示：男尊女卑觀念不僅傷害兩性的健全發展，更因此歧視女性，使得女性飽受束縛，於古今中外釀下無數悲劇。其實生命的可貴，在於每個人長成之後是否對社會有貢獻，而不在於出生前的性別；一個生命是否有意義，全憑自己的努力，求取知識，以道德爲依歸，運用智慧來開創人生。男女雖有體能差異，但人生價値卻是一樣平等的。

孔子曾說：「三人行必有我師。」無論何時、何地、何事、何人都必定有可取之處，自己所在之地就是一個最好的教室。其實，家庭、學校、社會和個人屬於一個整體，教育的定義應是「沒有界限的終生學習」，親子之間的互動、同學或同事相處、師生的交流、婆媳妯娌的應對、散步、自助旅行……等，只要留心，由行動中學習，學習後行動，凡事都將成為鍛鍊自己、汲取經驗的好機會。我很感謝女兒，因為她成就了我這個母親的角色，儘管我在學校裡是副教授，但女兒的言行舉止可以當成我生活中的鏡子，隨時警惕，使我獲益良多。

教育家杜威說：「教育即生活。」這個世界是多采多姿、永遠挖掘不盡的寶藏，很多現代人卻把自己局限在教室、電視和網路上，生活不肯用心體會。到高級餐廳用餐引以為傲，對用餐禮儀卻一無所知；有人花了上百萬買古董佈置房子，對古董的歷史卻毫無概念。要知道人的心一旦空乏貧瘠，外在的裝飾也只是虛有其表，多麼可悲！

為了順應時代潮流，政府從今年開始實施周休二日，本意是希望家人能有多一點的時間相聚，在忙碌的生活中暫停腳步，一起整理家務、彼此交談、連結友情，增強家庭、人與人之間的情感。可惜大多數人只是圍坐

客廳裡盯著電視看或上網路打發時間，不然就是到餐廳外食、風景區野餐，飽受排隊和塞車之苦，一家人乘興而去、敗興而歸，兩天假期過得沒有意義。

想想，現今大多數的孩子真可憐，不知道媽媽的味道，早上吃三明治、午餐吃便當，晚上外食，真擔心他們成爲「地球太空人」——三餐一律由電腦分配，機械式的進食，享受不到吃的樂趣。而且，大夥吃一樣的麥當勞、讀一樣的書，放學之後趕鴨子似地學才藝，在父母強迫性的安排下度過童年和青春。在人生可塑性最大的時期中，不曾品嘗親手做的喜悅、動腦解決問題後的快樂和父母陪伴的溫馨，以致包容力和受挫忍耐度都不夠，縱使擁有豐裕的物質，但這樣的生活過得有意思嗎？

說到這兒，我好懷念童年時光，媽媽總是絞盡腦汁用最少的錢、變化出最多樣的菜色。也由於長期幫忙幹活，做年糕、灌香腸、醃臘肉、用大水缸醃醬菜，全都難不倒我。到現在，我還記得古井挑水的情景。大哥和二哥是男孩，力氣夠大，一肩可以扛兩桶的水，輪到我一趟就只能挑一桶水，得花上兩倍的時間。而且，一路上怕水潑出來，戰戰兢兢的小步前進。因爲得來不易，所以小小年紀，我就懂得了珍惜水資源。還有，每當烏雲滿布變天時，媽媽就會喊：「快下雨了，快把衣服收進去。」我就三步併兩步，跑到庭院豎直竹竿，當衣服一件件滑落時，就迅速夾在臂上，聞著衣服上陽光曬得暖呼呼的味道，不由得開心了起來。這才是生活、實實在在的，自然而然地在生活中學習如何隨機應變，在生命中刻劃下不可磨滅的回憶。

中國字很奇妙，「家」是屋簷下（宀）有隻豬（豕）、「安」是家中有女人（女），換句話說，女性是一個家庭中最重要的角色。家人們從競爭激烈的世界回到家中，看到母親的笑容、整潔的環境，家人圍坐在餐桌上，吃著她費盡心思烹調的獨特菜餚，放鬆緊繃的神經，把一家人的心都凝聚起來了。所以好不容易有假日，全家可以聚在一塊，卻出去吃餐廳商業化的菜餚，孩子怎麼會有歸屬的親切感？

我年輕時也曾有一段家庭空白時期，生活壓力大，白天上班，晚上還要作研究、寫報告，往往忙到深夜。也因爲忙碌，脾氣變成十分暴躁，回家就坐在電腦螢幕前做事，孩子一走近身邊就會喊：「別打擾我的工作，

自己到旁邊玩！」什麼東西都不准她碰，偶一抬頭看到她滿腹委曲的可憐模樣，實在不忍，心想：「等她長大就會知道媽媽這麼辛苦，都是爲了她的將來。」再度一頭栽進工作。直到有一天，女兒問我：「媽媽，爲什麼妳要上班?別人的媽媽都會在中午的時候，送來熱呼呼的便當給她的小孩吃。」聽了心裡好難過，孩子的童年只有一次，我卻忽略他們的感受，對孩子虧欠實在太多。

從自己的親身經歷，我深切感受到母愛無可取代，家庭是一個人的人格發展基礎，從而建立人生觀、價值觀等思想體系，一旦中空，到學校、社會就容易受人影響。大家都認同「物質和金錢絕對沒辦法替代母親的關懷和陪伴」，行動卻很難與觀念配合。尤其忙碌的工商社會裡，人與人日漸疏離，僅靠交際應酬維繫情感，爲了生計早出晚歸，家的感覺淡薄了，當人們覺醒到家庭日益空洞化，於是喊出「爸爸回家吃晚飯」的口號，問題是身爲主婦的媽媽怕嫌麻煩，不想洗手做羹湯，爸爸下班回家，卻無飯可吃，餐餐外食，請菲傭代勞家務。爲了喚起母性的自覺，我發起了「媽媽回家做晚飯真好！」的運動，希望分擔家計的職業婦女，利用在家做晚餐的機會，增加家人共同相處、溝通的機會，找回家庭的溫暖，讓孩子們在家庭中養成自律、樂觀、明辨是非與勤勞的性格，步入社會後就算處身「大染缸」的環境，也會懂得選擇良善、排斥惡質，憑藉自己的信念開創一片天，成爲有服務精神的人。簡單來說，如果每一個人都能在組成社會的家庭深植道德倫理觀，不只是青少年問題，整個社會的「病源」都可以一併根除。

當然要實現這個理想，牽涉的問題相當廣泛，不過周遭的教育環境和政策若能逐漸改進加以配合，終究可以達成目標的。觀察近幾年來興起的移民潮，最根本的原因還是在於家長重視孩子的教育，父母希望下一代能在自由啓發的環境下成長。爲了支付龐大的生活費，人生地不熟的，爸爸只好回台灣賺錢，媽媽留在國外陪孩子，不然就是讓孩子當小留學生，父母成了空中飛人。一家幾口分居兩地，家不再是使人安心立命的地方，支離破碎。等到孩子長大，語文流利，思想洋派，卻始終打不進別人的社會，永遠只能當次等國民。這不只是家庭的悲劇，更是現代社會的不幸啊！

所以，如果能把教育環境變得人性化，讓孩子在國內就能接受啓發性的教育，豈不是民眾的一大福祉？這個心願成了我的信念，近十幾年來，我投身教育改革運動、修正現有教育制度的缺失，在各種場合、職位，只要有機會我就會提出主張和建議——小學階段除了增加應有設施外，更應加強活潑化教學，讀唐詩、三字經、四書，國中時念《古文觀止》，並融入現代情境來啓發人性的光明面，至於歷史、地理和公民等學科到高中階段再加強學習即可。這個想法是有感於五四運動之後，西方文明大量輸入，功利主義横行中國，固有倫理和道德觀幾乎蕩然無存。現今的亂象證明，我們的社會失去了中流柢柱的儒家思想，中國優良的文化傳統淪喪殆盡。二十一世紀臨在眼前，該是我們找回屬於自己的根的時代，我們要讓孩子讀聖賢書、懂尊卑、明禮儀，成爲有忠孝節義、願意奉獻犧牲的人！

或許有人會笑說：「這種想法落伍嘍！」但我擇善固執，截至今日，我不都是在艱難中有所堅持才能克服種種困難嗎？赴美留學申請雖曾被拒絕，憑著鍥而不捨精神，我拿到了博士學位；帶著孩子獨自生活，我堅持信念撐過來；立委選舉，雖高票落選，並遭流言中傷，但我從不氣餒，相信公道自在人心，天助自助者。每當遇逆境時，我總是告訴自己：「要冷靜。」以理智專心一致地找出克服困難的途徑，因爲我知道——再苦、再痛，都會成爲過去。只要張開雙臂迎向陽光，陰影就已留在身後！

申學庸

退一步海闊天空

民國四十五年，申學庸親手擘劃與主持台灣藝術專科學校（現國立台灣藝術學院）音樂科，又創辦文大音樂系、協助籌備台南家專音樂科，為樂壇流注新血。如今人才山脈聳立，台灣當代知名的音樂家如女高音簡文秀、呂麗莉、林惠珍、盧瓊蓉，作曲家馬水龍、省交樂團長兼指揮陳澄雄等，都是她的學生。稱申學庸為「台灣音樂大地的拓荒者」，名副其實。

八十四年卸下文建會主委一職，申學庸回歸教學本位，講學授課，鼓舞後進，怡然自得。訪談時，她慈愛爽朗，知無不言，我們如沐春風。

出生在一個有四位祖父輩的大家庭，熱鬧自然不在話下。孩子眾多，花樣當然不少，記憶中堂兄弟和表姊妹們常常組織起來，有的彈琴吹簫、有的打鼓、跳舞、唱歌、演戲毫不含糊，而且姑姑在北京師範必修音樂，所以家裏還有一台當時少見的風琴，大夥兒興致一來，不管是廳堂或庭院都成了表演的舞台。我從小就喜歡唱歌，聲音很嘹亮，總是搏得喝采，有人讚美就更愛哼哼唱唱了。不知不覺地，音樂成爲我身軀裏的血液，時時在生命中流動，從不歇止。

我是四川省江安縣人，民風一向保守，十歲那年抗戰軍興，國立戲劇專科學校遷來當地，該校學生言行標新立異，還把皮大衣反穿，種種舉動，就像在平靜的湖水中丟下大石塊，令人爲之側目。我家由於姑姑和父親都在北京讀過書，見識較廣，耳濡目染下，我們看到新鮮的事不但不迴避，反而會好奇地趨上前去。記得劇校分有導演、戲劇、作曲等科系，經常推出戲碼供觀賞，藉著這種種機會我欣賞到前所未見的好戲劇、聆聽到悅耳的插曲，非常享受。

不過，會走上音樂的路純屬意外。高中肄業時，堂姐報考重慶師範音

樂科，我陪她到重慶參加考試。在那段等待考試期間，我看到了學生們在校園裏吹彈歌唱，好不自在，心裏不由得發出吶喊：「我也要！我也要！」憑著一股衝動，興沖沖地隨之參加了考試。沒想到會這麼幸運，我們兩姐妹都被錄取了！

在那個時代，想讀書並不容易，尤其學藝術更是困難。幸好我有個思想開通的父親，他說：「男孩日後要繼承家業的，念藝術，不准。女孩沒這種顧忌，愛做什麼就放手去做吧！」所以儘管時局動盪，我們仍能盡情徜徉音樂大海，滿足求知若渴的青春靈魂。

談起在戰爭中求學的往事，實在難忘。當時物質非常匱乏，雖說是藝術專門學校，卻只有七、八架鋼琴供學生練習，或許是太多人使用了，常常只剩兩、三架可彈的琴，不僅如此，老師總是只有一份樂譜，每學一首新曲，我們就得抄寫一次琴譜。或許是用過心思，每當看到現今市面上隨手可得各式各樣的樂器和曲譜，就益發懷念過去的樸拙與珍貴。

抗戰勝利後，我留在成都，轉到成都藝術專科學校音樂科繼續完成學業，畢業後就留在學校擔任助教。原以爲從此就過著太平之日，孰知共軍竄起，才剛平熄的戰火隨即熊熊點燃，情勢又陷入了危急。

三十八年十月，我與外子結爲連理。由於外子的哥哥和妹妹都遷往台灣定居，我們自然地選擇了這個四面臨海的綠色島嶼爲蜜月之旅，探訪親友。萬萬沒想到一返抵重慶，就聽到了四川危急的消息，外子趕忙四處打聽離開的途徑，好不容易擠上了最後一班到台灣的飛機。所以我常常對外子打趣說：「我們這個蜜月可真長呢！」五十年了，我早已在這兒落地生根。前些年開放大陸探親，近鄉情怯，我不敢回去，深怕兒時和青春的美好回憶就此幻滅。

從小我被衆人視爲聰明慧黠，四歲便進小學讀書，認爲日後必然有所成就。因此宣布婚期時，家人不免憂心，不過二十歲就走進家庭，豈不是埋沒天賦？然而外子向家人極力保證：「婚後絕對不會讓她放棄喜好的！」結縭四十多年，他一直遵守這句承諾，如果沒有他的全力支持，我不會繼續學習聲樂，到日本上野藝術大學音樂科進修，也不可能拋下年幼的孩子隻身赴義大利羅馬的羅沙堤音樂院攻習歌劇。可以說，沒有他的鼓勵，我只是一個平凡的主婦，外子是一生中最摯愛我的丈夫和最了解我的知己呀！

來到台灣後，我拜當時最資深的聲樂家林秋瑾女士爲師，也受聘在師大附中教書。雖然在附中只待了一學年，卻非常難忘，因爲教書我在行，年紀輕輕卻要應付活潑好動的男學生，可是一點辦法也沒有。常常在校上課時，眼前會突然出現一群學生夾道歡迎，弄得我不知所措，而且每次要他們唱歌，全班就起哄要老師先唱一遍方肯罷休。當時那群腦筋好卻調皮的年輕小夥子，現在都已經步入中年，活躍在各個角落，吳伯雄、毛高文和劉寒雲等都是那時的學生，每當在音樂會等場合碰到他們，他們總還是笑容滿面地喊：「老師好！」十分可愛。

民國四十年，外子工作調往日本，我獨自帶著孩子隨後赴東京。我的身子弱，搭船暈船、搭機暈機，原本擔心這段旅程不知如何度過，誰知上了飛機之後，全神貫注照顧未滿週歲的兒子，竟然忘了自己的老毛病，最奇妙的是，從此再也不曾暈機了。這個經驗讓我深刻體會到母愛的偉大；母親爲了孩子可以犧牲一切，激發出耐性、勇氣和無比巨大的力量，我以身爲母親爲榮！

戰後的日本百廢待舉，大家都過得很苦。我一邊帶孩子，一邊學日文、到藝大進修聲樂，生活忙碌，精神充實。藝大經常邀請國際級名家赴日擔任客座教授，當知名的男高音 Tagliavini 講課時，大禮堂擠得水洩不通，當她選我獨唱時，我受寵若驚，也把握機會一展歌喉，沒想到之後老師說：「好不容易遇到一個讓我技癢的人。」竟邀我與他二重唱，就這麼我一砲而紅，日本音樂界都知道申學庸這個來自台灣的女高音。

後來我們七、八個同學跟著老師到義大利上課、巡迴演唱，足跡遍及羅馬、那不勒斯、魯卡、米蘭、威尼斯和梵蒂岡。雖然這趟進修是外子極力鼓勵下成行的，但我不熱衷追求事業的頂峰，聲樂的確是我的志趣，家庭卻是我的最愛，每天清晨睜開雙眼的那一刻，腦中浮現的是孩子跑進被窩撒嬌的模樣，思念之情油然而生。於是在情感潰堤的前夕，飛抵東京與家人團聚。

翌年，我以軍眷身份受邀回台勞軍，並在總統府舉辦演唱會，會後當時的教育部長張其昀（曉峰）先生問我：「要不要留下來籌建音樂專門學校？」當時我才二十五、六歲，被熱心興學的曉峰先生這麼一問，誠惶誠

恐，不知該怎麼答覆。

事後與老前輩們討論這件事，他們異口同聲地說：「這是個大好機會，快答應下來。」因爲當時除師大和師範學院有音樂科系外，沒有培育藝術人才的學府，稱得上是藝術荒漠。在先進們允諾全力協助的情況下，我向曉峰先生報告：「我到日本把事情處理好之後，就回來辦這件事。」

孰知雜事繁瑣，待幾個月後返台，才知道時不我予。曉峰先生是行動派的人，在他的任內已籌建了不下十個大專院校，其中一個便是台灣藝術專科學校，設有編導、印刷、戲劇等科系，若要再辦音樂學校，經費勢必不足，恐遭議會杯葛，爲此就把藝校再增設音樂科，分鋼琴、管、弦、理論、作曲和國樂六組，由我統籌策劃辦理招生。迄今四十多年了，音樂科系已普遍增多，但仍然沒有一間專門的音樂學院，這是我心中最大的遺憾！

後來，曉峰先生邀我到文化大學創設音樂系，五十五年，台南家專籌備音樂科時，我也竭盡所能爲南台灣撒播音樂的種籽盡棉薄之力。欣慰的是，學生們如今都活躍在藝術各領域，人才輩出。去年，國立藝專、文化

大學和聲樂家協會分別計畫要爲我舉辦七十歲慶生音樂會，我愧不敢當。但藝專的戴金泉教授說了個故事很有意思：「有一個人肚子餓了，拿餅來吃。因爲實在太餓了，所以連吃了六個還不覺得飽，直到再吃半個餅才感到飽了。他感慨地說：『早知道吃了這半個就飽，前面那六個就可以不用浪費了。』其實，如果沒有前面那六個餅，只吃這半個怎麼會飽？申老師就是這六個餅。」推不掉音樂界師生的盛情下，我欣然赴約。

回想起這一生，從來沒有離開藝術領域。對我來說，藝術就是生活，也是表現文化、思想和情感的創作，舉凡聲音、色彩或肢體表達等等不拘形式的創作都可以稱之爲藝術。我把藝術大致分爲三類：首先是精緻藝術，嚴格講求創作規則，精密而複雜，例如交響樂、古典文學、繪畫和建築等；其次是民俗藝術，是由民間表達生活、情愛希望和信仰的樸實創作；最後則是大眾流行文化，主要是受市場牽引，容易取得，時時在變。依我看來，這三種形態的藝術文化沒有優劣，只要能使我們的生活更美好，都值得鼓勵與讚賞。

外子在七十九年時撒手人寰，但我一點也不寂寞，後輩們經常到家中

預演，讓我先聽爲快，音樂會的請柬堆得老高，幾乎每個晚上都有活動。當年的學生現在也已經成爲老師，常會抱怨：「這一代的年輕人太令人失望了！」我就會這麼回答：「當初我覺得你們也不怎麼樣呀！人會成長的，只要經過細心雕琢，就會脫胎換骨。最重要的是不可以輕易放棄。」所以不管學生資質如何，我都一樣珍惜。這世界上沒有完人，如果仔細觀察，人的優點通常多於缺點，所以何妨多看他人的長處，懷抱感謝之心，善意待人，那麼自己的周遭必然也會被善意所包圍。現今的社會風氣敗壞，我想大多數人專挑他人毛病，只想到自己的利益，對別人的長處視而不見是主要因素。

七十年來，我總是本著「退一步海闊天空」的想法與人相處。從不把自己看得重要，也不跟別人比，因爲我知道蛻變不是靠年齡或資歷就可以達成的，只要每天有些微進步，腳踏實地，有一天往回頭看時，就會明白自己已不虛此行！

國家圖書館出版品預行編目資料

心靈綠洲：邁向21世紀　心靈改造工程
/ 正因文化編著.　--初版. --臺北市：
遠流, 1999〔民 88〕
面；　公分. -- (勵志館；86)

ISBN　957-32-3731-8 (平裝).

1. 心靈改革

192.1　　　88006164